신비생활의 비결

신비생활의 비결

초판 1쇄 인쇄 2022년 05월 09일
초판 1쇄 펴냄 2022년 05월 13일

편　자 | 한국순교복자성직수도회
발행자 | 양낙규
발행처 | 도서출판 형제애
주　소 | 서울시 성북구 성북로 143
신고번호 | 제307-2018-11호
전　화 | 02-744-4702 팩스 02-744-4704
만든곳 | 흐름(www.heureum.com)

값 12,000원

ISBN 979-11-963522-6-4 (03230)

*출판 승인: 천주교 서울대교구, 2022년 03월 31일

한국순교복자성직수도회 창설자
방유룡 신부의 영적 가르침

신비생활의 비결

한국순교복자성직수도회
창설자영성연구소 편저

도서출판
형제애

차례

머리말

한국순교복자성직수도회 창설 50주년을 맞이해서 본회의 창설신부님의 친필 원고를 정리한 책 '사랑이 사랑을 위하여'를 출판한 지 거의 스무 해가 흘렀습니다.

창설신부님의 영성의 진수를 보여 주는 아름다운 책 '사랑이 사랑을 위하여'는 한국순교복자성직수도회 회원뿐 아니라 가족 수도회와 교우들에게 기쁨과 감동을 주었습니다. 창설신부님의 묵상과 신비체험이 담긴 이 책을 볼 때마다 우리 모두는 한 페이지 한 페이지가 아주 소중한 영적 보화임을 느낄 수 있었습니다.

그러던 차에 창설자영성연구소에서는 '사랑이 사랑을 위하여'에 실리지 않은 창설신부님의 친필 원고를 발견하였고, '사랑이 사랑을 위하여'를 읽고 묵상하면서 느꼈던 감동을 이 누락된 부분을 통해서 배가할 수 있겠다는 생각으로 '사랑이 사랑을 위하여'(II)를 '신비생활의 비결'이라는 제목으로 출판하였습니다.

사실 이번에 정리한 친필 원고의 분량은 한 권의 책으로 출간하기에는 다소 적은 분량입니다. 약 50페이지가량 됩니다. 그래서 책의 전반부에는 새로 정리된 부분을 싣고, 후반부에는 친필 원고 사진판을 싣게 되었습니다.

후반부에 친필 원고 사진판을 싣는 것은 단지 분량을 확보하는 의미뿐

아니라, 창설신부님의 영성을 시각적으로 느낄 수 있는 경험과 기회를 독자들에게 줄 것입니다. 무아 신부님의 친필이 주는 감동도 있고, 이런 친필 원고를 정리하는 것이 얼마나 지난至難한 작업인지 느끼는 계기가 될 수도 있습니다. 또 창설신부님의 영성을 연구하는 사람들에게 1차 사료의 중요성을 한 번 더 생각하게 할 것입니다.

이번에 출판하는 친필 원고는 '대성大聖을 이루는 오대 비결'이라는 글을 첫 장으로 하고 있습니다. 약 50페이지가량 되는 이 원고는 창설신부님의 영성에 있어서 실천적인 지침들을 그 내용으로 하고 있습니다. 그러므로 모든 그리스도교 신자들, 특별히 수도자들이 그리스도와의 일치를 향한 삶, 곧 수덕 실천의 지침으로 삼을 수 있을 것입니다.

수도회 창설 50주년을 기념하면서 출간했던 '사랑이 사랑을 위하여'의 후속 작품, '신비생활의 비결'을 내는 것은 성령의 빛 안에서 한국적 가톨릭 영성의 일가를 이루신 창설신부님의 업적을 다시 한 번 확인하는 좋은 계기가 될 수 있을 것으로 기대합니다.

2022년 4월

창설자영성연구소

일러두기

1. 창설신부님께서 쓰신 한자는 한글로 표기하고, 필요한 경우 한글과 병기했다.
2. 창설신부님께서 쓰신 단어는 가능한 표준어로 변경했다.
3. 인명과 지명은 고딕체로 표기했다.
4. 창설신부님은 대체로 마침표를 쓰지 않았으나, 가독성을 위해 문장과 문단 끝에 마침표를 넣었다.
5. 본문 중 여백이 있는 공간을 비롯해 그 외 필요한 경우 쉼표를 넣었다.
6. 성경을 인용한 경우 문장 끝에 성경 장절을 기재했다.
7. 본문 내용과 관련해 참조할 만한 성경을 각주에 제시하고 *를 넣었다.
8. *가 붙은 제목은 본문의 중심 단어나 문장으로 편자가 임의로 정했다.

신비생활의 비결

한국순교복자성직수도회 창설자 방유룡 신부 친필

대성大聖을 이루는 오대 비결五大祕訣

제오第五[1] 지극히 미소한 것을 정성을 다하여 완수할 것이다(평범, 미소, 비천)[2].

1/. 장상長上이 수하手下에 어떤 일을 시켰을 때에 그것을 잘하였더라면, 그 수하에게 더 큰 사랑을 받는 기회였고 여러 가지로 유리하였을 것이다. 그런데도 불구하고 그 일을 등한시했다면, 그 당장에 오점의 신인信印을 받고 그 눈 밖에 나서 몇 배 더 큰 일을 해서 그 환심을 얻기 전에는 다시 복구화해復舊和解가 어렵게 된다.

2/. 경험상 작은 일을 불충실하게 하였으면 얼마 아니 가서 난관을 겪게 된다. 이유는 작은 일을 완수함으로 **천주**께 받는 강복은 앞으로 닥쳐오는 큰일을 치르기에 넉넉하고도 남는 힘이 있다는 것을 여실히 증명하시는 것이다.

---

1 제오第五이므로 제일第一부터 제사第四까지가 있어야 할 것이다. 하지만 현재의 친필 원고 중에서 그와 같은 표기로 시작하는 글을 찾을 수 없다. 다만 원고 중 聖人의 길(1), 聖人의 길(2), 聖人의 길(3), 聖人의 길(4)이 있어서 聖人의 길(5)로 간주되는 "제오第五 지극히 미소한 것을 정성을 다하여 완수할 것이다(평범, 미소, 비천)"를 제시한 것은 아닌지 추정해 볼 수 있다.

2 '잘하였다. 착하고 성실한 종아! 네가 작은 일에 성실하였으니 이제 내가 너에게 많은 일을 맡기겠다. 와서 네 주인과 함께 기쁨을 나누어라.'(마태 25, 21)*

심리 변화 각기영혼상태各期靈魂狀態 1

제일기第一期 **단련의 길**[3]**(정화기**精化期**)**[4]

지옥은 물론이고 세고世苦도 무섭다. 졸사卒死도 무섭고 벼락도 무섭다. 하여간 죄는 없이 살아야 할 것이다. 완덕의 길은 밀려오는 파도를 넘고 첩첩산중을 뚫고 나가는 것같이 망연하다. 가끔 세속을 돌아다보게 된다. 삼대사욕三大邪慾[5]은 감소되지 않고 가끔 여기저기서 충돌이 된다. 때로는 생사가 걸린 격전도 일어난다. 그의 기도는 복잡하고 대개가 이기적이다. 극기와 희생이 있어도 역시 이기심에서 되는 것이다. 위안이 아주 없지는 않지만, 근심걱정이 갈마들고[6] 맘은 밤중이요 답답하다. 잘하려면 지장이 온다는 구실로 분노 불만[7] 짜증이 잦다. 대죄만 없으면 다행이고 소죄까지 피할 생각은 없다.

제이기第二期 **광명의 길**[8]**(조명기**照明期**)**

정화 기간精化期間에 싸우다 기진맥진하여 쓰러지면 다시 일어나기 어려운 영혼이, 흑운에 앞길이 막혀 면전만 보고 무거

3 단련지도鍛鍊之道라 하였다.

4 淨化라고 하지 않고, 精化라 하였다.

5 이 책에서 예를 들기도 하는데, 물욕, 정욕(육욕), 허욕이다.

6 서로 번갈아 나타나다.

7 "분노 불만" 두 단어들을 서로 자리바꿈 한다는 표시가 있다.

8 광명지도光明之道라 하였다.

운 발을 일보일보 (항구히, 꾸준히) 옮겨 나아가는 영혼이, 지리한 장마 중에 구름이 열리고 푸른 편천片天이 보이며 그 틈에서 광선이 비치듯이, 가끔가끔 천주의 말씀을 깨닫게 되고, 거기서 다소간에 열정을 얻게 되고, 거기서 희망이 발하고 힘을 얻게 되니, 이것이 그 완덕의 생명을 유지하는 양식이다(마태[9] 4, 4).[10]

빈한한 자 푼푼전전 모아 재물을 만들 듯이 이렇게 덕을 닦고 공도 세우면서, 육체가 모르는 사이 자라듯이 어느덧 그 영혼도 차차 자라 덕에서 덕으로 올라간다. 어떤 때는 상당히 높이 올랐다가 떨어지고 또 떨어지곤 한다(소소한 과실로). 이 영혼은 과실을 범하기가 무섭게 보속을 잘한다. 이렇게 삼기三期에 가까워지는 영혼은 아직도 남아 있는 사욕으로 인하여 자기가 스스로를 못 이겨 소소한 죄에 떨어질 뿐이요, 마귀의 유인으로 떨어지는 경우는 아주 드물다. 범한 과실을 크고 무섭게 보속하여 갚고도 많이 남는 고로 이 점에 있어서 마귀는 거의 단념한 모양이다.

어느덧 일기一期에서의 심리상태, 성질 지향은 길을 밝히기 시작하고, 천주 사랑에 취미가 상당하다는 것을 느끼게 되고,

---

9 '마'라고만 표기되었다. 문장 중 천주의 말씀에 관한 언급이 있는 것으로 보아 마태오복음 4장 4절을 참고한 것으로 추정된다. "성경에 기록되어 있다. '사람은 빵만으로 살지 않고 하느님의 입에서 나오는 모든 말씀으로 산다.'"(마태 4, 4)

10 여기까지 전기前期로 구분한다는 표시가 있다. 이하는 후기後期이다.

이 사랑을 더할 수 없이 누릴 길을 찾게 될 때에 결국 사욕과 자아심自我心과의 정면충돌이 시작된다. 이것이 완덕에로 들어가는데 최후 결전이요, 그 후에 군데군데서 일어나는 자아의 소탕전이다.

이 최후 결전에 승리를 얻고 자아소탕전에 전력을 기울여 악전고투하여 남은 적을 굴복시키고 대세를 얻은 영혼은 개선가를 부르면서 제삼기第三期로 들어간다.

<table>
<tr><td rowspan="5">제삼기第三期
(일치의 길[11])</td><td>일단계</td><td rowspan="3">약혼기</td><td rowspan="3">(대성의 비결 폭로)
성인聖人의 길</td></tr>
<tr><td>이단계</td></tr>
<tr><td>삼단계</td></tr>
<tr><td>사단계</td><td>~~신혼기神婚期~~[12]</td><td>대성大聖의 길(완덕의 완덕)</td></tr>
<tr><td>오단계</td><td colspan="2">신인神人 그리스도의 발현發顯</td></tr>
</table>

각기각단계各期各段階에 속한 영혼들은 누구냐?

11 배합지도配合之道라 하였다.

12 지운다는 줄이 있다. 新婚期라 하지 않고 神婚期라 하였다.

성체조배 1

면형 안에 계신 예수, 감실 안의 예수

일분일초도 천주의 성총聖寵을 떠날 새 없이 누리는 영혼이 어찌 천주를 잊을 수 있겠느냐(시편 27), (신명 8, 11-14[13]). 미약한 영혼이 감실 안의 건강제健康劑를 떠나 다른 데 어디로 가서 더 나은 보약을 구할 수 있을까.

감실 안의 예수를 가까이 하여라. 곧 밝아지리라(시편 33, 6[14]).

사욕 번데기는, 네 영혼을 둘러싼 사욕 번데기는 성체께서 열어 주신다. 나비가 된 영혼은 번데기에서 나와야 천주께로 날아간다. 이 꽃 저 꽃밭으로 날아다니면서 덕의 꿀맛을 본다.

⊕ 죽음을 무서워하는 인생이여! 죽음을 죽이는 생명수生命樹의 그늘 아래로(호세 13, 14)[15].

천주를 저버린 영혼은 무인지경無人地境이 되리라(이사 17, 9.10)[16]. (자신을) 만드신 조물주 천주를 저버린 고로.

---

13 분명하지 않다. 알파벳으로 Deut라 표기되었다. 이는 신명기(Deuteronomy) 약어인 듯하다. "너희 마음이 교만해져, 너희를 이집트 땅, 종살이하던 집에서 이끌어내신 주 너희 하느님을 잊지 않도록 하여라."(신명 8, 14)

14 "주님을 바라보아라. 기쁨에 넘치고 너희 얼굴에 부끄러움이 없으리라."(시편 34(33), 6)

15 "죽음아, 네 흑사병은 어디 있느냐? 저승아, 네 괴질은 어디에 있느냐? 내 눈은 연민 같은 것을 모른다."(호세 13, 14)

16 "그날에 그 견고한 성읍들은 이스라엘 자손들 앞에서 버리고 도망친 히위족과 아모리족의 성읍들처럼 내버려져 황폐하게 되리라. 정녕 너는 네 구원이신 하느님을 잊어버리고 네 피신처이신 반석을 기억하지 않았다."(이사 17, 9. 10)

천주께서는 당신 생각하지 않는 영혼을 마세魔勢[17]에 끌려드는 것을 가만 두신다(유딧 3, 7-4, 2)[18].

천주를 배우고 공경하기 싫어하는 영혼은 음란한 길, 사욕의 길로 가다가 거기서 일어나지 못하고 죽는다(로마 1, 18)[19]. 나를 찾아도 만나지 못하리라.

오주吾主의 고난이 네 죄를 사하시고 네게 복을 주시지 않느냐.

천주를 생각지 않더니, 찾을 줄 모르더니, 어쩌면 그 가는 곳마다 천주의 그림자도 없으시구나.

나의 유일의 사랑하옵신 오주 예수는 우리 담(면형麵形) 뒤에서 나를 기다리신다(아가 2, 9)[20]. 담 틈으로 나를 보시면서 ... 오주 들어오시게 어여 문을 열어 드려라.

웬일이냐, 문지기는 오는 이들을 다 들이면서, 없으면 누가 또 오기를 기다리면서도, 하루 종일 담[21](면형) 뒤에 서 계신 예수는 본체만체하니. 다른 손님들은 (사욕) 즐겨 환영하고 웃음으로 대하면서.

---

17 마귀의 세력.

18 홀로페르네스는 그들의 모든 신전을 부수고 그들의 신성한 수풀들을 베어 버렸다. 그는 세상의 신들을 모두 없애 버리라는 임무를 받았던 것이다. ... 그들은 홀로페르네스를 몹시 두려워하며, 예루살렘과 자기들의 하느님이신 주님의 성전을 두고 걱정하였다. (유딧 3, 7-4, 2)

19 불의로 진리를 억누르는 사람들의 모든 불경과 불의에 대한 하느님의 진노가 하늘에서부터 나타나고 있습니다. (로마 1, 18)*

20 나의 연인은 노루나 젊은 사슴 같답니다. 보셔요, 그이가 우리 집 담장 앞에 서서 창틈으로 기웃거리고 창살 틈으로 들여다본답니다."(아가 2, 9)

21 담 뒤에 삽입 부호가 있고, '면형 뒤에'라는 말이 있다.

빨리 이 문을, 사욕의 문, 죽음의 문, 멸망의 문을 닫고 담 뒤에 서 계신 예수를 잠깐 생각하라 (조배朝拜). 천지진동하여 산들과 같이 이 담도 무너질 때가 오리니, 그때가 오기 전에 네가 먼저 무너뜨리고 (사욕) ...... 예수를 모셔 드려야 한다. (담 (면형麵形) 뒤에 계신 예수를 .....)

성체조배 2

영혼아, 네가 사욕의 번데기를 벗어나면, 예수께서는 면형을 벗으시고 네게 드러내신다.

감실 앞에 영혼은 선을 쌓고, 악을 떠나고, 위험을[22] 면한다.

번데기 속에 든 벌레가 말하기를, "아무도 보는 이 없다. 맘대로 하자."(에제 8, 12)[23], ([24]).

담 뒤에 서 계신데(사욕의 담). 번데기를 뚫고 나비 되어 나오기를 기다리시는데(사욕의 번데기).

나는 셋째 날에 오리라 ... 무섭다 ... (탈출 19, 10)[25].

첫째 날은 세상에 나온 날이요, 둘째 날은 세살이하는[26] 날이요, 셋째 날은 죽는 날이다.

오주 첫날에 오셔서, 둘째 날은 같이 지내시고, 셋째 날에는 나와 같이 떠나셔야 한다.

첫째 날은 심는 날이요, 둘째 날은 가꾸는 날이요, 셋째 날은 거두는 날이다.

---

22 밑줄이 있다.

23 "주님께서는 우리를 보고 계시지 않는다. 주님께서는 이 땅을 버리셨다."(에제 8, 12)

24 괄호 안에 식별하기 어려운 글자가 있다.

25 "셋째 날을 준비하게 하여라. 바로 이 셋째 날에 온 백성이 보는 앞에서 주님이 시나이 산에 내릴 것이다."(탈출 19, 11)

26 셋방살이 하는

이날이 오기 전에 바빌론[27]에서 나와야 한다(사욕[28])(묵시 18, 4)[29].

잠자고 났더니 손에 가지고 있던 보재[30]가 하나도 없더라. 천주 생각은 잠을 가져간다(시편 75, 6), (집회 31, 1-42, 9), (잠언 6, 9). 라자로가 자니 잠에서 깨우러 가겠다.[31] 우리는 잠에서 깨어 있을 때다(로마 13, 11)[32]. 홀로페르네스가 사욕에 취해 자다가 죽고,[33] 삼손도 자다가 힘을 잃었다.[34] 깨어 기구해라.[35] 다섯 동정녀도 자다가 영생을 잃었다.[36] 시방은 잘 때가 아니요, 성총을 받는 때요, 구하는 때다.

---

27 밑줄이 있다.

28 괄호의 사욕은 문장에서의 '바빌론'을 뜻한다. 바빌론에서 나와야 한다는 말은 사욕을 없애야 한다는 의미이다.

29 "내 백성아, 그 여자에게서 나와라."(묵시 18, 4) 요한묵시록에서 '여자'는 바빌론을 상징한다.(편집자주)

30 분명하지 않다. 보재(寶財: 보화와 재물)로 여겨진다.

31 "우리의 친구 라자로가 잠들었다. 내가 가서 그를 깨우겠다."(요한 11, 11)

32 여러분은 지금이 어느 때인지 알고 있습니다. 여러분이 잠에서 깨어날 시간이 이미 되었습니다. (로마 13, 11)

33 유딧 13, 6-10 참조.

34 들릴라는 삼손을 불러 무릎에 뉘어 잠들게 하고 나서, 사람 하나를 불러 일곱 가닥으로 땋은 그의 머리털을 깎게 하였다. 그러자 삼손은 허약해지기 시작하더니, 힘이 빠져나가 버렸다. (판관 16, 19)

35 "깨어 기도하여라."(마태 26, 41; 마르 14, 38; 루카 21, 36)

36 마태 25, 5-13 참조.

성체조배 3, 성체성사[37]

양을 잡아 불에 태워 드리어라.[38] 타는 것은 양이 아니라 네 사욕이라야 한다. 네 사욕이 타서 완전히 소진되어야 한다. 태우는 것은 불이 아니고 천주 사랑의 뜨거운 불이라야 한다(1열왕 18, 38)[39], (2열왕 1, 10). 이런 사랑의 불이라야 네 사욕이 사라진다. 하늘에서 불이 내려와 희생물을 소진터라.[40]

천주 사랑으로 네 사욕을 죽이면, 태우면 이것이 십자가의 제헌祭獻이다. 십자가의 제헌은 먹고 마시고 즐겨 뛰는 제헌이 아니오, "내 천주여 .... 어찌하여 나를 버리셨나이까."[41](신비....를 생각하시고 하신 말씀) (가칠언중架七言中[42] 가장 비참하고, 쓰고 쓴맛이 전신에 스며드는 말씀) 하시며 육체 고통, 정신 고민, 영혼의 고적孤寂, 어떤 것을 막론하고 이렇듯 고난 중에서 드리는 제헌이다.

위안 중에서, 사랑을 느끼고 단 눈물을 흘리는 제祭는 (십자가의 제는 아

37 소제목 뒤에 '미사성제'라는 말이 있다.

38 주님께서 이집트 땅에서 모세와 아론에게 말씀하셨다. ... "머리와 다리와 내장이 있는 채로 불에 구워 먹어야 한다. 아침까지 아무것도 남겨서는 안 된다. 아침까지 남은 것은 불에 태워 버려야 한다."(탈출 12, 1-10)*

39 그러자 주님의 불길이 내려와, 번제물과 장작과 돌과 먼지를 삼켜 버리고 도랑에 있던 물도 핥아 버렸다. (1열왕 18, 38)

40 태워 버리더라.

41 "엘로이 엘로이 레마 사박타니?" 하고 부르짖으셨다. 이는 번역하면, '저의 하느님, 저의 하느님, 어찌하여 저를 버리셨습니까?'라는 뜻이다. (마르 15, 34)

42 예수님께서 십자가상에서 하신 일곱 가지의 말씀 가운데.

니나) 도리어 비할 수 없는 것이다.

희생(제물)이 죽으면서 흘린 피는 제관이 지성소에 가지고 들어가서 천주께 바치면 사죄 되더라.

이 피는 (오주께서 십자가에 달려 우리를 위하여 제헌하실 때에 흘리신 피) 신비를 상징하는 것이니, 영혼이 사욕을 죽일 때 말할 수 없이 아프고 쓴 고통을 당當한 것이니, 이 피를(신비의 피) 예수께서 흘리신 피와 같이 제대에 올려야 그 죄와 사욕이 소진된다(레위 16, 27).

죽으면 산다(사욕에서 죽으면 영생이다)(2티모 2, 11)[43].

사욕의 번데기가 뚫어지고 나비가 되어 나오면, 꽃봉오리가 터지고 꽃이 피면, 오주 예수께서는 그 꽃을 모종하러 오신다(아가 5, 13-6, 1). 천당궁전天堂宮殿 앞뜰에 심으시려고. 그 향기가 하늘까지 올라간다(묵시 8, 4)[44].

천주 분부하셨다. 양을 먹되 남는 것 없이 몽땅 삼켜라. 만일 남는 것이 있으면 날 밝도록 기다리지 말고 불에 태우라. 허리에 띠를 띠고 발에 신을 신고, 손에 지팡이를 짚고 빨리 먹어라. 주께서 지나가심이니라.[45]

우리에게 드러내실 신비를 미리 말씀하신 것이니.[46]

---

43 우리가 그분과 함께 죽었으면 그분과 함께 살 것이고 (2티모 2, 11)

44 천사의 손에서 향 연기가 성도들의 기도와 함께 하느님 앞으로 올라갔습니다.(묵시 8, 4)

45 주님께서 이집트 땅에서 모세와 아론에게 말씀하셨다. ... "머리와 다리와 내장이 있는 채로 불에 구워 먹어야 한다. 아침까지 아무것도 남겨서는 안 된다. 아침까지 남은 것은 불에 태워 버려야 한다. 그것을 먹을 때는, 허리에 띠를 매고 발에는 신을 신고 손에는 지팡이를 쥐고, 서둘러 먹어야 한다. 이날 밤 나는 이집트 땅을 지나면서, 사람에서 짐승에 이르기까지 이집트 땅의 맏아들과 맏배를 모조리 치겠다."(탈출 12, 1-12)

46 이 줄까지가 한 페이지에 기록되었다. 그리고 이 줄 아래에 세 줄이 있는데, 삭제한다는 표시가 되어 있다.

5[47]

성체조배, 면형 안의 예수

파격적 관상(천주성삼께로)

불 차車를 탄(성령의 신속을 입은)(무화정신無化精神) 영혼은 있는 힘을 다하여 산과 물을 뛰어넘고, 물질계를 지나(아가 2, 8)[48], (제 모형模型 주께서 오실 때 보고 그대로 닮아서), 모든 거성을 뒤떨어놓고, 구중천을 헤어 넘어, 만유 위에 좌정하신 성삼께로 달려간다. 저를 흡수 동화 하신 주, 전광電光의 신속을 입혀주신 주의 지나가심이 이 아니냐?

주 지나가시는 곳마다 천지가 진동하고 산이 주저앉고, 하늘이 녹아내리누나(시편 67, 7[49]).

영혼이 이르는 곳마다 삼대사욕三大邪慾이 전율하고 비난 중에 녹아 없어진다.

이것은 자아를 무화無化하고, 주 그리스도께 완전히 동화同化된 결과다.

---

47 어떤 페이지들의 상단 좌우에는 번호가 기입되었다.

48 내 연인의 소리! 보셔요, 그이가 오잖아요. 산을 뛰어오르고 언덕을 뛰어넘어 오잖아요. (아가 2, 8)

49 "하느님, 당신께서 당신 백성에 앞서 나아가실 제 당신께서 사막을 행진하실 제 땅이 뒤흔들리고 하늘마저 물이 되어 쏟아졌습니다."(시편 68(67), 8-9)

성인의 길 (1)

완덕의 제삼기 배합지도配合之道[50]

천주와의 긴밀한 일치

완덕의 근본이신 천주

인생의 완덕과 참 행복은 근본이시요 종말이신 **천주**와의 일치에 있다.

그런즉 **천주** 아닌 것은 무엇이나 다 버리고, 완덕이시요 만선미호萬善美好의 근본이신 **천주**만을 갈망하는 성인은 진실상 명철한 지인지자至人知者[51]이다.

만유의 근본이시요 절대적이신 **천주**의 만선미호여!! 온 세상은 공간천지空間天地라 하자. 바닷물은 묵墨[52]이고, 천지만물은 (사람, 짐승, 나무, 풀, 돌, 모래) 다 서기書記[53]다. 그래도 **천주**께 대한 그 품성 한 가지만 쓰기 시작할 때에 다 핍진乏盡하고 말 것이다.[54]

이렇게 능한 사람이 있다고 하자. 이런 사람도 만일 **천주**의 품성 한 가지를 알아듣는다면 (**천주**께서 특전으로 보존하시지 않는 이상) 동시에 녹아 없어질 것이다.

---

50 정화기, 조명기, 일치기 중에서 세 번째 단계인 '일치기'를 뜻한다.

51 至仁至慈와 구별된다.

52 붓글씨를 쓸 때의 '먹'.

53 분명하지 않다.

54 천주님께서 지니신 여러 품성들 가운데 단 한 가지 품성만을 기록하려 하여도, 먹물로 삼은 바닷물이 모자라고 종이 삼은 공간천지가 여백이 없을 정도로 어마어마하다.(편집자 주)

성모님께서는 달을 밟으시고, 십이성十二星이 모신 가운데 계시다 하였으니[55], 달은 최고 거성을 뜻하고 12성은 천지에 왕하는 간선된 애민십이지파를 뜻하는 것이니, 모든 피조물이 **성모**님께 봉사한다는 것이다.

천주의 애민 144,000명은[56] 각각 거성계 하나씩 차지하고 있다 하면, 그 제일 작은 성인이 (태양계가 모든 거성계에 있어서 가장 작은 가정家庭이라 하니) 태양과 그 직계제성直係諸星 위에 왕림할 것이다.

그런데 사실에 있어서, 천당에서 성인이 차지하시고 누리시는 복은 여기서도 무궁히 초월한 것이니 ......!......?!

침묵이 웅변이다.

캄캄하고 가련한 인생이여!!

이렇듯이 좋으신 **천주**를 어찌하여 모르고 ...... 곱사등이가 땅만 보듯이 위를 보지 못하는구나. 네 머리는 허욕에 컸고, 네 배는 물욕에 충만하고, 네 몸은 정욕에 잠겼구나.

수포水泡 같은 네 사욕에 포로가 되고

먼지 같은 피조물에 끌려가노라.

---

55 태양을 입고 발 밑에 달을 두고 머리에 열두 개 별로 된 관을 쓴 여인이 나타난 것입니다. (묵시 12, 1)

56 내가 또 보니 어린양이 시온 산 위에 서 계셨습니다. 그와 함께 십사만 사천 명이 서 있는데, 그들의 이마에는 어린양의 이름과 그 아버지의 이름이 적혀 있었습니다. (묵시 14, 1)

성인의 길 (2)

사랑은 세 가지다. 탐애貪愛, 연애戀愛,[57] 원애願愛

탐애는 자기에게, 좋아할수록 유리하니까 사랑함이요, 친(연)애는 자기 성질에 잘 맞으니까 사랑함이요, 원애願愛는 무조건하고 호의로(이해관계를 떠나고 성질에 합부합合不合을 막론하고) 사랑함이다.

여기서 원애願愛가 가장 고고高高하다.

탐애에서 친애로 가고 천주의 도우심으로 친애는 원애로 변한다. (amor concupiscentiae, complacentiae et benevol[58].)

그러면 어찌하여 열심 있다는 사람들도, 흔히 (수도자까지도) 이런 사랑과 기쁨을 누리는 이가 드문가?

이유는 둘이니

1. 1/. 피조물을 사랑하는 삼대사욕三大邪慾,

   2/. 자기 위하는 이기지심利己之心이요

2. 무식(착하신 천주께 대한 인식부족)이니

어떤 영혼은 천주의 진선미호에 대하여 조금만 더 안다면,

또 이 세상에 출생한 유일한 목적이 천주 사랑이라는 것을 조금만 더 깨

---

57 연애戀愛를 친애親愛라고도 하였다.

58 benevolentiae가 되어야 한다.

닫는다면

적어도 어느 정도 **천주** 사랑하는 공부에 노력하였을 걸,

또 노력한 정도만큼은 **천주** 사랑의 단맛을 깨달았을 걸,

동시에 **천주**와 점점 가까워졌을 걸.

그러노라면 **천주**께서는 가만히 계시지 아니하고 반드시 성총을 주셨을 것이요, 성총과 그 영혼의 활동이 병행하면 그 결과는 더욱 신기할 것이니.

그 영혼도 성광聖光의 격동을 받아 결국 천주 사랑에

전심전력을 기울이는 데 이르지 아니하였을까?[59]

---

59 '천주사랑에 전심전력' : "너희는 마음을 다하고 목숨을 다하고 힘을 다하여 주 너희 하느님을 사랑해야 한다."(신명 6, 5) "너는 마음을 다하고 목숨을 다하고 정신을 다하고 힘을 다하여 주 너의 하느님을 사랑해야 한다."(마르 12, 30; 루카 10, 27)

성인의 길 (3)

1/. 만유의 근본이신 **천주** 존재(의인에게는 특별히)의 철저한 인식

2/. 필연유와 그 본질의 인식

3/. 무한하신 선의 인식

4/. 나의 존재, 생명, 활동이 전적으로 **천주**께 달렸다는 것.

5/. 그 섭리하심으로 **천주**를 사랑하는 이의 모든 것이 다 좋게만 돌아간다는 것. (천국과 그 의덕........라[60])

그러면 전면적으로 철저하게[61] **천주**께 속해야 할 것이다.

(주여, 내가 세상에서 무엇을 바라리오. 시편 39, 8[62])

(평화, 바로 **천주**의 평화 안에서 자고 쉬리이다. 시편 4, 9[63])

오! 주 천주여........(준주[64])

신인神人 **그리스도**께서는 온 인생의 표본이시고 모형(본때)이시다.[65]

---

60 "너희는 먼저 하느님의 나라와 그분의 의로움을 찾아라."(마태 6, 33)

61 원문은 '철저적으로'라고 쓰여 있다.

62 "이제 주님, 제가 무엇을 바라겠습니까?"(시편 39, 8)

63 "주님, 당신만이 저를 평안히 살게 하시니 저는 평화로이 자리에 누워 잠이 듭니다."(시편 4, 9)

64 준주성범의 약자인 듯하다.

65 그리스도께서도 ... 당신의 발자취를 따르라고 여러분에게 본보기를 남겨 주셨습니다. (1베드 2, 21)*

그 인성人性에는 천주의 모든 충만하심을 통하셨다. 우리가 오주의 인성을 닮는 대로 천상강복을 충充하다. 오주의 인성을 통하여 천주의 무한하신 자비의 신비가 드러났다. 얼마나 우리를 사랑하시면 천주께서 인성을 취하시고 우리와 같이 사시면서, 천주를 닮게 하시면서 본시 천주 닮은 사람을 복구시키실 뿐 아니라, 만유를 초월하여 천신지위天神地位에 들어 올리시고, 천주 사랑에 치열한 케루빔 세라핌의 높은 지위에 뿐 아니요, 신인神人 그리스도와 일체가 되게 하사 성삼聖三 중에 거하게 하시는고!!!

복되다 천주 예수를 닮는 영혼이여. 세상에 살면서 천복을 누리는구나. 천주의 사람 사랑하시는 치열한 애덕은 우리를 재촉하사 천당 갈 때까지 기다리지 못 하신 듯이 천당 복을 미리 펴 주시는구나.

폭포같이 쏟아지는 천주의 치열한 애덕은 우리 안에 사랑과 만복의 강하를 이루셨네.

성인의 길 (4)

성체성사, 면형 안에 계신 예수

천당의 신비의 신비는 폭로되고 말았다.

사랑을 목말라하신 **예수**께서는 얼마나 우리를 사랑하시면 영혼이 천상 강복 받기 위하여 가르치시고 단련시키시고 향상시키신 후에 우리 가용성可容性[66]대로 당신 모든 선미善美를 몽땅 쏟아 주신다. 쏟아 주시고 또 쏟아 주셔도 무궁무진한 진선미! 무한하신 **주**의 자비지심!

이 영혼만은 미약하고 제한되어 더 받을 수 없이 충만하고도 창일漲溢하다(여기서 단련 중에 고통을 어찌 원망하랴).

면형의 **오주 예수**는 다른 방법을 생각하셨으니 – 영성체를 통하여 내 영혼을 크게 하시고, 그것도 부족하사 판에 찍어낸 듯이 **당신**을 닮게 하사, 제이第二 **당신**이 되어 신비적으로 무한정 자라게 하시면서 무한한 사랑, 무한한 복을, 무한히 받게 하신 신비의 신비여 ....! ....? ....!! ....?? .....! .....? .....!

침묵이 웅변이다.

오! 면형 안의 **예수**, 감실 속의 **예수**!

구름에 쌓인 태양이실까!

무성한 초목에 가리어 흐르는 (성총, 사랑, 신락神樂, 영원한 신비가 흐르는) 지당地堂에 사강四江일까!

---

66 가용성可容性이라 하였지만, 주님의 뜻대로 변화되는 태도로서의 가용성可溶性으로 본다.

오! 만복의 극치여! 성체 모신 감실을 모신 영혼은 만복이구나!

이것이 사실이라면 누가 진액珍液[67]과 땀을 흘리며 눈물 섞인 밥을 구하려 있는 힘을 다 기울일까. 더구나 자아自我라는 데서, 더구나 사욕에서 무슨 낙을 꿈꿀까.

67 분명하지 않다. 진액珍液 혹은 진액津液.

성인의 길 ①

성인이 별안간에 되는 것이 아니다. 천주께서는 전격적으로 하실 수 있으시지만, 보통으로는 자연법에 의하여 시간을 요구하신다.

네가 모친 복중에 사람으로 생겨서 즉시 세상에 나왔더냐. 아홉 달 동안이나 태 밖에 나와서 살 만한 정비整備가 될 때까지의 노정이 걸리지 아니하였더냐.

네가 생긴 지 아홉 달 만에 세상에 나와선들 그 즉시 완인完人[68]이 되었더냐. 수삼십 년이란 장구한 세월이 걸리지 아니하였느냐.

세상에서도 어느 한 방면에 지인지자至人知者가 되기 위하여도 얼마나 지리한 세월을 요하였는고.

대성大聖에 도달하는 것도 이러하다. 먼저 완덕의 관념이 철저해야 할 것이요, 이것을 위하여 책을 보고 선진자先進者에게 묻고 배워야 한다. 그 후에야 실천하는 길로 들어서는 것이니.

먼저 사욕을 누르고, 죄를 피하고, 덕을 닦아 시작한다. 이렇게 해서 죄에는 다시 떨어지지 않을 만큼 향상 되었으면, 그때 바야흐로 제일기第一期를 지난 것이다.

이제 겨우 머리를 숙이고 기회만 엿보는 사욕을 더욱더욱 제압하노라면(이기입문二期入門),

흑운黑雲이 트이고 청천이 푸릇푸릇 드러나듯이 진리를 차차 깨닫게 되

68 어른[成人]. 성인聖人과 동일한 개념으로 파악되는 완인完人을 뜻하지는 않는다.

고 동시에 격동되어 덕에서 덕으로 올라간다(이기중단계二期中段階).

덕화德化할수록 신미神味를 깨닫고 천주의 사랑을 맛본다. 병이 낫고 건강을 회복할수록 음식 맛이 돌아오는 것 같다. 천주의 사랑을 맛보고는 기가 막혔다. 물계에서 못 보던 맛이다. 이렇듯이 맛이 좋은 천주의 사랑을 어떻게 하면 흡족히 누릴 수 있을까. 추궁追窮할 때 사욕과 이기심 등이 유일의 지장인 것을 깨닫자. (마귀 세속이 유혹할지라도 사욕을 반드시 이용 경유함) 바야흐로 나의 적이 되는 나와 정면충돌이 시작된다(이기말단계二期末段階).

성인의 길 ②

나와 내가 정면충돌한 이 싸움은 언제나 끝이 날 것인지 상상도 할 수 없다. 인력으로는 할 수 없다. ⊕ 이것이 원죄의 통한痛恨할 결과요, 사욕을 길러 범한 본죄의 비참한 상태다.

총력을 기울여 싸우고 또 싸워도 일어나고 또 일어나 덤비는 사욕은 무진장이다.

무변해상에 밀려드는, 당해낼 수 없는 노도요
첩첩산중에 가로막힌, 참아 넘길 수 없는 준령이다.

칠죄종의 사슬로 얽히고, 칠욕七慾에 화인火印이 찍힌 인생이로다. 하늘로 올라가도 땅으로 들어가도, 바다 끝까지 잠겨도, 이 사슬을 풀고 이 대인大印을 없이할 길은 없구나.

여기서 얼마나 많은 영혼들이 완덕의 길을 잘 모르고 주저앉아 어찌할 바를 모르고 눈물을 흘리면서 돌아서 가는고. 죽음의 그늘로 돌아서 간다.

요한 사도께서도 슬피 체읍하셨다. 그러나 돌아서 가지 아니하시고 희망의 길이 열리기를 울면서 기다리셨다. 씨를 뿌리고 돌아가는 이는 울고 가나, 뿌린 씨를 가꾸면서 수확까지 기다리는 이는 곡식물을 들고 오며 찬양하느니라.[69] 너도 울면서 가지 말고, 네 힘이 미치는 데까지는 뻗치고 있으라.

69 "눈물로 씨 뿌리던 이들 환호하며 거두리라. 뿌릴 씨 들고 울며 가던 이 곡식 단 들고 환호하며 돌아오리라."(시편 126, 5-6)*

너를 위하여 싸워 주실 전능하신 고양羔羊[70]이 계시고, 너를 도와주시려고 적기適機[71]를 기다리시면서, 때가 오면 칠은七恩을 동부動負하여 가지시고 번개같이 오실 **성령**이 계시다.

여기서 명기明記할 것은 네 인력으로는 절대 불능이요, **성령**칠은의 도우심으로 모든 난관이 돌파되고 앞길이 환하게 열린다는 것이다. 이것을 절실히 느끼고, 이것이 네 머릿속 골수까지 깊이깊이 젖어들어야 한다. 아는 듯 모르는 듯 은연隱然이 나가는 것을 생각하고, 찾고 내세우는 사람은 누구를 막론하고 아무리 큰 성인이라도 절대 불능이니, 들을지어다. "저들은 내 길을 몰랐다. 내 의노하야 단정하노니 만만코 내 안식에 들지 못하리라."[72](시편 14, 5) 그런고로[然故] 제 힘으론 대성大聖에 달할 줄을 믿는 자는 크게 실패하고 망할 것이다.

(이제 좀 보아라.)[73]

어린양이신 **오주 예수**를 통하여 **성령**의 칠은이 발동되면 가로막혔던 지장支障이 하나씩 하나씩 뚫어진다(묵시 5, 1 .... 6. 1).

---

70 어린양

71 適期의 오기인 듯하다.

72 "그들은 내 길을 깨닫지 못하였다. 그리하여 나는 분노하며 맹세하였노라. '그들은 내 안식처에 들지 못하리라.'"(시편 95, 10-11)

73 분명하지 않다.

성인의 길 ③

이렇게 터진 길은 성령의 도우심으로, 그렇게도 어렵던 길이 아주 쉽게 저절로 뿐 아니라, 유쾌하게 단 눈물을 흘리며, 천주의 타는 사랑의 재촉함으로 날아가게 된다. 이렇게 완덕의 이기二期를 지나 삼기三期로 들어가게 된다.

그런즉 네 일생이 얼마나, 천 년이라도 어제 지나간 하루같이 짧고 빠른 네 일생이 아니냐.[74] 이것을 모른다면 깨닫고 알 날이 내일 오리라(루카 12, 9...), (집회 10, 12), (1마카 2, 63), (야고 4, 14)[75].

네 일생을 달음박질해도 남고 또 남아 끝이 없는 길이 아니냐. 그러면 언제 가려고 이렇게 앉아 있느뇨.[76] 마지막 날 네 임종 시에 가장 안타깝고 원통한 것이 무엇일 것이냐. 갈 시간이 없이 이 세상을 끄리는[77] 맘으로 섭섭하게 떠나게 되는 것인 줄을 못 깨닫느냐.

이 길을 안 가고 죽으면 네게는 절망, 죽음, 암흑이다. 하루라도, 한시라도 가다가 죽어야 한다.

---

74 정녕 천 년도 당신 눈에는 지나간 어제 같고 야경의 한때와도 같습니다. (시편 90, 4)* 주님께는 하루가 천 년 같고 천 년이 하루 같습니다. (2베드 3, 8)*

75 그렇지만 여러분은 내일 일을 알지 못합니다. (야고 4, 14)

76 제때에 일어나고 마지막까지 남지 마라. 머뭇거리지 말고 곧장 집으로 가거라. (집회 32, 11)*

77 안타까워하는 혹은 꺼리는

성인의 길

이기말단二期末段에 도달[78]한 영혼

완덕의 길 중 최고로 어려운 길

그때에 영혼의 지향[79]

78 '到到'라고 기록되었는데, 의미상 도달到達이어야 할 것이다.

79 '영혼의 지향' 내용으로는 다음 페이지의 '◎ 뻗치고 있어야 한다'일 것이다.

◎ 뻗치고 있어야 한다

이기말단계二期末段階에서 삼기三期로 돌입 직전 인간의 힘은 있는 대로 다 기울여도 안 되니까, 힘이 조금이라도 생기면 나아가고, 아주 기진맥진 했으면 뻗치고 있어야 한다.

최고조에 달한 최후 격전이다. 너의 최후목적을 달성하느냐 못하느냐가 이 경각에 달린 최후격전이다. 물러서면 안 된다. 죽지는 않을 터이니 사수해야 한다. 뻗치고 있어야 한다.

이 뻗치고 있는 것은 중지中止가 아니다. 사람은 광鑛, 생生, 동動, 영靈으로 구성된 것이니, 언제나 이 사대동작四大動作을 하고 있는 것이다. 뻗치고 있을 때는 광물동작鑛物動作을 하고 있을 때니, 이 동작이야말로 경탄할 동작이다.

광물에는 저항력抵抗力과 흡수력吸收力이 있어 (견지력堅持力) 쉴 새 없이 이 동작을 계속함으로 자체自體를 보존하고 있는 것이요, 이 힘으로 만물이 질서를 유지하고 있는 것이다.

영혼이 이때에는 광물동작을 하면서 견지, 저항하고 흡수한다. 천주께서는 이 자연법 동작을 이용하사 천주의 힘을 정도대로 흡수시키신다(특별히 칠은七恩). 이 흡수기관이 자라고 강해져서 성령칠은이 다 자유롭게 통하실 수 있을 때까지다.

자라고 강해지는 기간은 장단長短의 차이가 있을 뿐이다. 아무리 장구지리長久支離하더라도 실망만 말고 거머리처럼 붙어 늘어져 흡수 동작만 하라. 그러면 승리는 결정적이요 시간문제일 뿐이다.

염증이 나고 어렵고 지리한 감이 있는 이때가 아주 귀하고 중한 때요, 그럴수록 값이 많은 때다. 실망만 아니 하고, "내 천주여 ..... 어찌하여 나를 버리셨나이까."[80] 하는 십자가 제헌만 계속하면 흡수력이 이때보다 더 잘 자라고 더 강화하는 때는 다시없는 것이다.

80 "엘로이 엘로이 레마 사박타니?" 하고 부르짖으셨다. 이는 번역하면, '저의 하느님, 저의 하느님, 어찌하여 저를 버리셨습니까?'라는 뜻이다. (마르 15, 34)

2[81]

온전한 정신, 온전한 마음, 모든 힘을 기울이는 것이 이것이다[82]

내가 네 생명이다.

나는 포도 줄기요 너는 포도 가지다.[83]

이 줄기와 가지가 같이 양분을 흡수하고 같이 동화同化하고 같이 자라고, 삼위일체께서 통하시는 그 생명과 그 사랑으로 산다.

포도 가지가 줄기에 붙어 있지 아니하면 결실치 못한다. 이와 같이 네가 내게 있지 아니하면 나 없이 아무것도 못한다. 내게 있으라. 나도 네게 있으리니 곧 많은 실과를 맺으리라.[84]

수도자여 들을지어다, 깨달을지어다.

모든 것을 다 버리고 주께 들어가는 데만 전력할지어다.

일치의 생명과 사랑을 얻기 위하여 영세 고해를 통하여 죄 없는 생활로 들어간다. 성우聖祐[85](성령 견진)[86]로 생명과 사랑이 자란다.

---

81 친필원고 사진판 파일에서 이 글은 맨 마지막 페이지이다. 그런데 우측 상단의 숫자 '2'를 보고 자리를 찾게 되었고, 우측 상단의 숫자 '3'인 페이지 바로 앞에 자리하게 하였다.

82 너희는 마음을 다하고 목숨을 다하고 힘을 다하여 주 너희 하느님을 사랑해야 한다. (신명 6, 5)*

83 "나는 포도나무요 너희는 가지다."(요한 15, 5)

84 "내 안에 머물러라. 나도 너희 안에 머무르겠다. 가지가 포도나무에 붙어 있지 않으면 스스로 열매를 맺을 수 없는 것처럼, 너희도 내 안에 머무르지 않으면 열매를 맺지 못한다."(요한 15, 4)

85 거룩한 도우심

86 이 괄호 글(성령 견진) 아래에 '기도생활'이라고 적혀 있다.

영성체로써 성성成盛하게 자라는 생명과 사랑은 (음식이 육체 안에서 행하는 동작을 성체께서 성체 영하는 영혼 안에서 행하신다.) 열심(사랑)에 따라 그 동작은 더욱 강하고 더욱 풍성하다.

모든 사람이 죄의 수數를 감멸減滅하여 이 세상을 떠나기 전에 무죄한 생활을 해야 할 필연적 의무가 있으니, 수도자는 허원許願 전에 무죄한 길을 걸어야 한다.

3

영성체로 오주와 일치*

네가 영성체로 오주와 일치되는 것은

천주 성자께서 인성人性과 일치하사 그리스도가 되신 것과 같고, 녹은 밀에 녹지 않은 밀을 섞으면 둘이 다 혼합하는 것과 같다.

영성체로 같은 피, 같은 살, 같은 의지, 같은 정애情愛가 된다.

부모의 피로 된 자녀들은 그 부모를 닮는다.

너도 오주의 살과 피로 되었으면 오주를 닮았다는 것이 뚜렷하게 드러나야 한다. 사랑[87] 인내 극기 단정 침묵[88] 고통 중에 동요動搖없이 십자가의 제헌을 쉴 새 없이 바치는 것... 이런 것이 오주를 닮았다는 것을 드러낸다.[89]

무한하신 애덕의 바다에 깊이깊이 잠기고 또 잠길수록 이런 동작의 표현은 더욱 더욱 천주를 닮아 극히 아름답게 나타나 만유를 초월하신 그리스도를 눈에도 입에도, 도무지 얼굴 전면에 드러내며 지극히 아름다운 신비화神祕化, 그리스도꽃을 피우는 화원이 되어, 그 말에도 행동에도 전체 모습에도 그리스도꽃이 만발하여 이리 가도 저리 가도 생명과 사랑이 풍성하고

87 '사랑'이라는 단어 밑에 두 줄이 그어졌고, 그 아래에는 '비천한 것을 좋아하는 마음'(따옴표 없이)이 기록되었다.

88 '인내 극기 단정 침묵'(따옴표 없이)이라는 단어들 밑에 두 줄이 그어졌고, 그 아래에는 '미소한 것을 완성하는 습관'(따옴표 없이)이 기록되었다.

89 사랑, 인내, 극기, 단정, 침묵, 고통 중에 동요動搖 없이 십자가의 제헌을 쉴 새 없이 바치는 것... 이런 것이 오주를 닮았다는 것을 드러낸다. 이 부분을 대성大聖의 신비라고 표시하였다.

(요한 10, 9)[90], 그리스도[完德]의 향기가 진동한다(2코린 2, 15)[91]. 이것은 내 자유로 하는 것인즉 온전히 나의 동작이다. 그러나 나 혼자서 된 것이 아니요, 오주의 도우심으로 오주와 같이 발하는 동작이다.

오주 예수의 마음과 정신이 내 마음과 내 정신과 일치되어 서로 통하는 데서 이루어지는 것이다.

오주와 나와는 생각이 서로 통하고 도무지 서로 떠날 수 없는 일치로 인하여 한 신비체가 되니, 오주의 모든 것·천상천하의 모든 충만함이 다 내 것이로구나(요한 1, 16)[92].

천신들이 기뻐하고, 천주의 신비가 용약하고, 우리말로 표현할 수 없는 유쾌! 끝없는 심연에서 솟아나오듯 한량없는 기쁨!

---

90 "나는 문이다. 누구든지 나를 통하여 들어오면 구원을 받고, 또 드나들며 풀밭을 찾아 얻을 것이다." (요한 10, 9)

91 구원받을 사람에게나 멸망할 사람들에게나 우리는 하느님께 피어오르는 그리스도의 향기입니다. (2코린 2, 15)

92 그분의 충만함에서 우리 모두 은총에 은총을 받았다. (요한 1, 16)*

너 수도한 지가 벌써 몇 달 몇 해뇨*

이것이 참 삶의 길이거늘, 세속이여 어찌 이를 모르는고.

어찌하여 옆에 있는 샘을 버리고 웅덩이의 썩은 물을 마시는고!(예레 2, 13)[93]

수도자여 너는 무엇을 아직도 주저하는고!? 너 수도한 지가 벌써 몇 달 몇 해뇨. 너의 갈 길이 이것이요 또 너의 할 일이 이것이요 또 이뿐이거늘! 요긴한 것은 하나, 따름이니. 마리아가 제일 좋은 몫을 선택하였다고 오주 말씀하지 아니하셨느뇨.[94]

오라. 천주 예수께서도 너에게 오신다(요한 14, 23)[95]. 너를 사랑하시고 끝까지 사랑하시려고(요한 13, 1)[96].

오시면 성부는 성자를 낳으시나니 제이第二 그리스도가 나타날 것이요, 성부 성자는 성령을 발하시니, 곧 사랑의 화염이 여기저기 치성하여 오주와 나와의 사랑은 더욱 강하게 더욱 풍성하게 무한한 사랑으로 깊이깊이 들어간다.

93 그들은 생수의 원천인 나를 저버렸고 제 자신을 위해 저수 동굴을, 물이 고이지 못하는 갈라진 저수 동굴을 팠다. (예레 2, 13)*

94 "마리아는 좋은 몫을 선택하였다."(루카 10, 42)

95 "누구든지 나를 사랑하면 내 말을 지킬 것이다. 그러면 내 아버지께서 그를 사랑하시고, 우리가 그에게 가서 그와 함께 살 것이다."(요한 14, 23)

96 그분께서는 이 세상에서 사랑하신 당신의 사람들을 끝까지 사랑하였다. (요한 13, 1)

오! 사랑의 극치여! 거룩한 사랑의 신비여!

오주 사랑할수록 더욱 거룩하여지고,

오주 뫼시고 가까이 할수록 더욱 깨끗하여지고,

오주와 나와 모든 것이 서로 통하여 일치하니 참으로 순결한 동정童貞이로구나.

물질계의 복행과 쾌락은 참으로 웅덩이의 썩은 물이로구나.

5

내게 대한 주의 사랑은*

오주는 시분초時分秒를 통하여 나를 잘 아시고 사랑하신다(요한 10, 3-14)[97].

내게 대한 주의 사랑은 계속적이며 강밀하고 열절한 사랑이요, 친우나 부부의 타는 사랑에도 비할 수 없는 도무지 물질계를 초월하는 영원한 사랑이다.

신공할 때도, 일할 때도, 놀 때도, 잘 때도, 유감 당할 때도, 근심 걱정할 때도, 오호! 내가 죄를 지을 때도 사랑하신다.

사랑하시는 까닭에 이 죄인을 찾아오셨고,

사랑하시는 까닭에 슬피 체읍하셨고,[98]

사랑하는 까닭에 십자가에 죽으셨다.

그러면 이 사랑을 통하지 못하는 이유는 어디 있느냐.

죄악과 사욕의 장벽이 오주와 너 사이를 가로막은 것이다. 비행기를 타고 구름을 넘어가면 청천의 길이 열리고, 태양의 뜨거운 광선은 너를 태운다.

성령의 인도하심으로 네 사욕을 누르고 덕에서 덕으로 오르고 또 오르

---

97 "나는 착한 목자다. 나는 내 양들을 알고 내 양들은 나를 안다. 이는 아버지께서 나를 아시고 내가 아버지를 아는 것과 같다. 나는 양들을 위하여 목숨을 내 놓는다."(요한 10, 14-15)*

98 예수님께서는 눈물을 흘리셨다. 그러자 유다인들이 "보시오, 저분이 라자로를 얼마나 사랑하셨는지!" 하고 말하였다. (요한 11, 35-36)*

면 천당 가는 생명의 길이 열릴 것이요, 오주의 기다리고 계시던 사랑의 불이 네 영혼에 사무치리라.

6

오주 기적을 무수히 행하셨다*

오주 이 세상에 살아 계실 때 가시는 곳마다 은혜를 베푸시고 대능大能을 떨쳐 기적을 무수히 행하셨다.[99] 그것을 듣는 이 보는 이들이 감격에 넘치고 사랑이 폭발하여 주께 감사와 찬미를 드렸으니, 그 은혜를 받은 나인과부, 백부장, 라자로와 그 누이들, 막달레나, 우도 .... 들은 어떠하였으랴!?

이것은 시방 영계靈界에서 똑같이 행하실 뿐 아니라 오히려 더하시니. 시방도 그때와 같이 행하신다는 것보다, 오주께서 세우실 십자가세계에서 사랑하는 영혼들에게 행하실 모든 신비의 예표로 보여 주신 것이니, 시방 네 영혼에 그 모든 것이 시행施行될 뿐 아니라, 경탄할 만큼 더 크게 더 많이 실행되나니, 죽은 이가 살고, 학질이 떨어지고, 앉은뱅이가 걷고, 소경이 보고, 벙어리가 말하고, 산이 무너지고, 바위가 찢어지고, 물고기 입에서 돈이 나오고, 무인광야에서 빵이 생기고, 바다가 끊어지고, 바위에서 단물이 솟는구나[100](요한 14, 12). 도무지 말로 표현할 수 없는 성총의 동작, 영원한 생명과 사랑의 신비가 하늘에서는 은하수요, 땅에서는 강하를 이루고, 천

99 예수님께서는 그들 앞에서 그토록 많은 표징을 일으키셨지만, 그들은 그분을 믿지 않았다. (요한 12, 37)*

100 과부의 외아들을 살리시다. (루카 7장)/ 중풍 병자를 고치시다. (마르코 2장)/ 다리 저는 이들이 걸으며 (마태 15, 31)/ 눈먼 사람을 고쳐주시다. (요한 9장)/ 말못하는 이들이 말을 하고 (마태 15장)/ 산도 무너져 내리고 (욥기 14, 18)/ 바위도 제자리에서 밀려나듯 (욥기 14, 18)/ 성전세를 바치시다. (마태 17, 27)/ 만나와 메추라기 (탈출기 16장)/ 바닷물이 갈라짐 (탈출기 14장)/ 마라의 쓴 물이 단 물로 (탈출기 15장)*

상천하의 오주의 신비체에 통하고 있지 않느냐!?(요한 4, 6), (요한 7, 38)[101].

그리스도와 내 영혼과의 일치에서 오는 친밀은 사랑의 도가 더할수록 세상에서는 아무리 큰사랑으로 이루어진 일치에도 도무지 맛볼 수 없고 영혼육신배합灵魂肉身配合도 비길 수 없는 신비의 신비로구나.

101 "나를 믿는 사람은 성경 말씀대로 '그 속에서부터 생수의 강들이 흘러나올 것이다.'"(요한 7, 38)

◎ 승리하는 신비

유감 중에, 고독 중에, 캄캄한 암흑 중에 어떻게 할 것이냐.

이때는 악마가 습격하는 때다.

악마는 무엇 때문에 이렇게 유혹할까.

천주의 근본성의根本聖意를 거슬러 나를 천주한테서 이탈시키고 자기 소유로 하고자 하는 의도에서 하는 것이다.

이것을 위하여 내 심중에 왕王하시는 오주를 공격하고 그의 생명과 사랑을 끊는 것이다.

이것을 위하여 나의 동의가 절대 필요한 고로 제 힘껏 나를 유인하는 것이다. 동시에 난難[102] 중에 덕의 꽃이 피게 마련하신 오주께서는 여전히 우리 심중에 계시지만 안 계신 것처럼 당신을 감추신다(시편 17, 3)[103], (시편 90 끝).

이렇게 덕을 닦고 영혼의 힘을 얻어 영원하신 사랑에 더욱더욱 깊이깊이 들어가게 하시기 위하여 그런즉, 첫째로 유혹에 동의하지 아니할 것이다.[104] 그 다음에는 모든 것을 오주와 서로 통하면서, 당하는 고통을 사랑의 제사로 영광의 제사로 드리면서, 오주와 같이 싸우는 것이다. 너 혼자 싸우

---

102 어려움, 고통 혹은 시련

103 당신께서 제 마음을 시험하시고 밤중에도 캐어 보시며 저를 달구어 보셔도 부정을 찾지 못하시리이다. (시편 17, 3)*

104 너희는 유혹에 빠지지 않도록 깨어 기도하여라. (마르 14, 38; 마태 26, 41; 루카 22, 40; 갈라 6, 1)*

는 줄 아는 것은 큰 잘못이요, 네 힘, 네 재간으로, 네 특수한 전술로 싸워 이길 줄로 아는 것은 더욱 큰 오해다. 벌써 세속과 악마를 이기신 **오주**께서 너와 한가지로 싸우시니 승리는 결정적이다.

오주 너와 한가지로 한편이 되어 싸우시고 너와 한가지로 승리하시는 것이니 겸손하게 더욱더욱 **오주**께 의탁하고, 도무지 굴하지 말고 악전고투할 것이다(시편 124, 1)[105], (시편 26, 5.6)[106].

---

105 **주님**을 신뢰하는 이들은 **시온** 산 같아 흔들리지 아니하고 영원히 서 있으리라. 산들이 **예루살렘**을 감싸고 있듯 **주님**께서는 당신 백성을 감싸고 계시다. (시편 125(124), 1)

106 환난의 날에 그분께서 나를 당신 초막에 숨기시고 당신 천막 은밀한 곳에 감추시며 바위 위로 나를 들어 올리시리라. (시편 27(26), 5)

8

누가 나를 내 주 사랑에서 떼어내랴*

적이 나를 거슬러 진을 칠지라도 내 마음은 두려울 것이 없고, 일대 격전이 치열할지라도 내 마음은 평화와 희망이 가득하다. 나 한 가지 그것만 청하고 원하는 것이 있으니 그것만 있으면 만족하다. 곧 내 주 안에 일생을 거하는 것이 이것이다(시편 26, 5이하)[107].

이것만 있다면 주 나와 한가지로 계시니 누가 나를 거슬러 성할 수 있으랴. 누가 나를 내 주 사랑에서 떼어내랴. 내게 주신 주의 사랑으로 인하여 어떠한 환난이든 다 극복할 수 있다(로마 8, 35이하)[108].

성영 80 보라.

주主 (말씀하시길), "네가 내 말만 들었더라면 네 원수들을 내가 굴복시켰을 걸. 너는 나날이 덕에서 덕으로 올라갈 걸! 네 천주를 뵈옵고 맛들이고 일치할 때까지 네 천주를 완전히 닮으면서 무한하신 사랑으로 깊이깊이 잠기고 또 잠기면서!! 그러나 너는 내 말을 아니 듣고 네 마음대로 하는구나."[109]

---

107 나를 거슬러 군대가 진을 친다 하여도 내 마음은 두려워하지 않으리라. 나를 거슬러 전쟁이 일어난다 하여도 그럴지라도 나는 안심하리라. 주님께 청하는 것이 하나 있어 나 그것을 얻고자 하니 내 한평생 주님의 집에 살며 주님의 아름다움을 우러러보고 그분 궁전을 눈여겨보는 것이라네. (시편 27(26), 3-4))

108 무엇이 우리를 그리스도의 사랑에서 갈라놓을 수 있겠습니까? 환난입니까? 역경입니까? 박해입니까? 굶주림입니까? 헐벗음입니까? 위험입니까? 칼입니까? (로마 8, 35)

109 내 백성이 내 말을 듣기만 한다면 이스라엘이 내 길을 걷기만 한다면 나 그들의 원수들을 당장 꺾으련마는 그들의 적들에게 내 손을 돌리련마는. 그들이 주님을 미워하는 자들의 아첨을 받고 이것이 그들의 영원한 운명이 되련마는, 나 그들에게 기름진 참밀을

날마다 그리스도와 한가지로 십자가 못 박히노라!*

오주의 수난공로는 계속된다, 세계 종궁終窮까지. 무한하신 고로.

오주와 일치한 영혼이야말로 이것을 본받는다.

그 신비체에 들어간 영혼이 시분초時分秒로 당하는 고통(육체의 고통, 정신의 고민, 영혼의 불가설不可說 고적[110]), 이 고통을 무시로 십자가의 고통과 합하여 성부께 드린다.

신비체에 깊이 들어간 영혼일수록 그 당하는 고통이 십자가의 고통과 비슷할수록 더욱더욱 만족과 기쁨을 느낀다.

그 까닭에 고통을 기다리다가, 아니 오면 밤잠을 이루지 못하고 거리로 나간다(아가 3장)[111]. 이 골목 저 골목 기웃거리며 찾다가 만나면 기뻐 환영하고 포옹하여 가지고 자기 방에 들어와, 고통을 싫어하는 모든 속적육적俗的肉的을 다 내쫓고, 서로 떠나려야 떠날 수 없는 뜨거운 사랑으로 깊이깊이 잠기면서, 밤이 새고 날 밝는 줄도 모르고 해가 지고 밤 드는 줄도 모르면서, 십자가의 고통과 어울려서 십자가의 제헌을 계속하는 것이 유일무이한 쾌락이오.

그로 인하여 죄인이 회두하여 오주를 위로해 드리는 것이 끓고 타는 원

먹게 하고 바위의 꿀로 그들을 배부르게 하련마는. (시편 81(80), 14-17)*

110 말로 설명할 수 없는 고독하고 쓸쓸함.

111 나는 잠자리에서 밤새도록 내가 사랑하는 이를 찾아다녔네. 그이를 찾으려 하였건만 찾아내지 못하였다네. '나 일어나 성읍을 돌아다니리라. 거리와 광장마다 돌아다니며 내가 사랑하는 이를 찾으리라.'(아가 3, 1-2)*

욕願慾이요, 영혼 육신이 사랑하고 또 사랑하여도 그래도 더 사랑하고 싶은 안타까운 마음 새카맣게 타는 정을 기워 갚고 풀어 주는 성인성녀들이 속출하여 오주를 사랑하고 기쁘게 해 드리는 것이 낙樂 중 낙이다. 쾌락의 극치다.

10

오! 신비여! 그는 참으로 날마다 죽고, 날마다 그리스도와 한가지로 십자가 못 박히노라!(갈라 2, 19)[112]

날마다 십자가에 못 박히고 날마다 죽어도 희망과 기쁨이 충만한 신비여(2코린 7, 4)[113].

---

112 나는 하느님을 위하여 살려고, 율법과 관련해서는 이미 율법으로 말미암아 죽었습니다. 나는 그리스도와 함께 십자가에 못 박혔습니다. (갈라 2, 19)

113 나는 위안으로 가득 차 있습니다. 나는 우리의 그 모든 환난에도 기쁨에 넘쳐 있습니다. (2코린 7, 4)

예외가 없는 철칙*

천주를 사랑하는 까닭에 고통을 감수하면 그 고통이야말로 영락永樂을 싹 내고 결실하고 수확하는 것이니, 그런 고통은 낱낱이 영복永福의 종자種子[114]다.

먼저 고난을 받지 않고서는 안식에 들어갈 수 없다.[115] 이것은 예외가 없는 철칙鐵則이다. (어려운 가운데서 덕을 닦게 마련해 놓으신 시련 세世인 고로) 악전고투한 후 승리를 얻은 자에게 만나를 주겠다(묵시 2, 17[116]).

천당복자天堂福者들을 가리켜 말씀하시기를! "이들은 다 환난 가운데서 온 자들이요, 어린양의 피로 자기 영대를 빨아 입은 자들이다."(묵시 7, 14[117])

오주께서도 먼저 십자가를 지시고 후에야 영광榮光에로 들어가셨고, 그 뒤를 따라 성모님으로부터 종도와 모든 성인성녀들이 다 이 길을 밟으셨고 다른 길은 전연 모르셨다.

---

114 씨앗

115 "내가 너희에게 이 말을 한 이유는, 너희가 내 안에서 평화를 얻게 하려는 것이다. 너희는 세상에서 고난을 겪을 것이다. 그러나 용기를 내어라. 내가 세상을 이겼다."(요한 16, 33)*

116 괄호에 성경 제목만 있는 것인데, 장과 절을 찾아 넣었다. 이 페이지에 있는 괄호 경우는 모두 그러하다. "승리하는 사람에게는 숨겨진 만나를 주고 흰 돌도 주겠다."(묵시 2, 17)

117 "저 사람들은 큰 환난을 겪어 낸 사람들이다. 저들은 어린양의 피로 자기들의 긴 겉옷을 깨끗이 빨아 희게 하였다."(묵시 7, 14)

다른 길이 있다면 어찌하여 오주께서 천당 가는 길은 좁고 험하다 하셨으며(마태 7, 14[118]), 나를 따라오고자 하는 이는 자기를 누르고 또 십자가를 지고 연후에야 나를 따라올 것이다 하셨으랴(마태 16, 24[119]).

누구든지 오주의 신비체에 완전히 흡수되기 위하여 열심히 살고자 하는 이는 핍박을 당하리라고(2티모 3, 12[120]) 성령께서는 말씀하셨으니, 참으로 부유富裕보다 궁핍, 재미보다 수고, 명예보다 경원과 멸시가 더 낫지 아니하냐?

118 "생명으로 이끄는 문은 얼마나 좁고 또 그 길은 얼마나 비좁은지, 그리로 찾아드는 이들이 적다."(마태 7, 14)

119 "누구든지 내 뒤를 따라오려면, 자신을 버리고 제 십자가를 지고 나를 따라야 한다."(마태 16, 24)

120 사실 그리스도 예수님 안에서 경건하게 살려는 이들은 모두 박해를 받을 것입니다. (2티모 3, 12)

저들은 그르치고 내 길(완덕完德의 길, 방법方法)을 몰랐도다. 내 의노義怒하여 맹세하였으니, 저들은 내 안식에 들지 못하리라.[121]

121 "그리하여 나는 분노하며 맹세하였노라. 그들은 내 안식처에 들지 못하리라."(시편 95, 11)

뜨거운 불길*

고통은 불이다.

극한 고통은 강렬한 불길이다.

금석이 뜨거운 화火 중에서 광채 나는 황금이 되듯이 너의 습관 사욕은 극한 고통이 아니고서는 도저히 녹아 없어지지 않는다.[122]

꼭 받아야 한다.

너 혼자는 못 받는다. 오주의 사랑으로 오주와 같이 받는 것이다.

쉴 새 없이 사랑을 발하라. 그 사랑만이 고통을 초월하리라.

오주 겟세마니 동산에서 당하신 그 무서운 정신고민精神苦悶은 그 무한하신 사랑이 아니었더라면 그 고통에 쓰러지셨을 것이다.[123]

천주 사랑하는 마음을 발하고 또 발해 네 영혼에 뜨거운 불길이 일어날 때에 그 불에 녹을 만한 고통이라야 초월할 수 있을 것이요, 그 고통의 도수 따라 그만큼 네 사욕과 습관이 녹아 없어지리라.

오! 천주의 신비여!

세상의 지인지자至人知者[124]들도, 천지를 움직인 천하의 영웅들도 제 사욕만은 누르지 못하고 그의 구속된 노예가 되었건만. 사랑에 눌리는 고통이라야 사욕을 녹여 없애는 경탄하올 정화력精化力의 소유자라는 심오

122 금은 불로 단련되고 주님께 맞갖은 이들은 비천의 도가니에서 단련된다. (집회 2, 5)*

123 겟세마니에서 기도하시다. (마태 26, 36-46; 마르 14, 32-42; 루카 22, 39-46)*

124 지인지자至仁至慈와 다르다.

한 신비여! 세기의 과학, 철학이 놀라고 묵묵히 바라보는구나! 저들은 그릇됐다[125].

125 (생각이나 행동 따위가) 올바르지 않거나 나쁘다. 나는 이 백성에게 놀라운 일을, 놀랍고 기이한 일을 계속 보이리라. 그리하여 지혜롭다는 자들의 지혜는 사라지고 슬기롭다는 자들의 슬기는 자취를 감추리라. (이사 29, 14)*

수도자여! 일어나라*

수도자여!

오주의 신비체神秘體에 들어가 완전한 일치를 유일한 목적으로 하는 수도자여.

이것만을 위하여 전심전력을 기울이는 것을 일생 무상無上의[126] 사명으로 하는 수도자여!

이렇듯이 큰 신비의 계시를 받고서도 가만히 있느냐. 일어나라! 여기서 떠나야 한다.[127]

죽음의 그늘에서, 사욕의 노예직에서, 저 고해苦海로부터 첩첩히 쌓여 오는 저 노도怒濤의 고통을, 악마와 부동하여 너를 단번에 삼키려 돌격하여 오는 저 고통! 더 무서운 정신고민精神苦悶! 불가설不可說의 영혼의 고적孤寂[128]을 쳐부수려 사랑을 외치면서, 사랑으로 사랑으로 돌진하자.

사랑으로 생겨나고 사랑으로 돌아갈 네가 아니냐. 그러면 네 일생이 사랑이요, 네 갈 길도 사랑이요, 너 할 소임과 목적도 사랑이 아니냐.[129]

---

126 더없는

127 "내가 아버지를 사랑한다는 것과 아버지께서 명령하신 대로 내가 한다는 것을 세상이 알아야 한다. 일어나 가자."(요한 14, 31)*

128 외롭고 쓸쓸함

129 여러분이 하는 모든 일이 사랑으로 이루어지게 하십시오. (1코린 16, 14)*

14

주께서 나를 먼저 사랑하셨나이다*

인간세계의 사랑을 초월하는 사랑이여.

사랑의 극치냐! 사랑의 신비냐! 사랑의 특전 중 특전이냐. 걸레에 진주보배가 쌓였구나. 도적이 눈을 크게 뜨고 의혹에 빠졌다. 이렇듯 큰 은혜를 무엇으로 갚으리까. 사랑이니 사랑으로 갚으리까.[130] 그러나 주께서 나를 먼저 사랑하셨나이다.[131] 먼저 주신 이 사랑을 갚기 위하여 사랑하리까.

이것조차 주께서 내게 주시고, 주시는 은혜를 받을 줄도 모르는 것을 주께서 받게 하셨고, 받고도 어찌할 바를 모르는 것을 주께서 격동시키시고 실천시키시나이다.

그런즉,

우몽한 이를 착하게 가르치고,

그 우행이라도 감수 인내하라.

성체聖體 안의 오주吾主처럼.

악자가 영하여도,

부당하게 축성되어도,

적적한 감실 속에서 아무 말도 없으시다.

130 나 무엇으로 주님께 갚으리오? 내게 베푸신 그 모든 은혜를. (시편 116, 12)*

131 "우리가 사랑하는 것은 그분께서 먼저 우리를 사랑하셨기 때문입니다."(1요한 4, 19)

15

나는 천주 성자 오주 그리스도 외에는 원하는 것이 아무것도 없나이다

오주 예수여 내 영혼에 들어오소서.

당신을 내 영혼에 삭여 주소서.

뚜렷하게 삭여 주시고 또 완전하게 삭여 주소서.

그래서 어디서나 언제나 내 **주 예수**를 분명히 보게 하시고 만사에 있어서 **오주**를 완전히 뵈옵게 하소서.

성령이여 임하소서. 광명의 신이시여 오사, 영원하신 광명으로 비추시어 반짝하게 깨우쳐 주시고, 사랑으로 격동激動시키시어, 내 마음에 새겨지신 **오주 예수**, 완전하고도 뚜렷한 내 원형原型에 몽땅 들어가, 빈틈없이 꼭 그대로 찍혀 **제이**第二 **그리스도**가 출현케 하소서.

성부께서 내 마음에 새겨 주신 **천주 성자 내 주 예수** 원형原型을 사랑하는데 끓고 타게 하시며, 쉴 새 없고 빈틈없는 사랑으로 궁극에 이르게 하소서.

그 원형에 뚜렷하게 완전하게 찍혀 도무지 호말毫末도 틀림없이 전면적으로 철저하게[132] **내 예수** 내 원형을 닮는데 이르게 하소서.

이것을 위하여 꼭 해야 할 것이 무엇이오니까. 고요하랍니까.

자아自我를 죽여 아주 없이하랍니까.

132 원문은 '철저적으로'라고 쓰여 있다.

지극히 비천한 자 되랍니까.

지극히 미소한 것을 정성을 다하여 완수하랍니까.

이것이 필요조건이라면 천 번이라도 만 번이라도 하겠사옵나이다.

나는 이것을 위해 모두를 거절하였습니다.

16

모든 힘, 모든 정신, 온전한 마음 다 바치고 몽땅 기울였습니다[133]

천하에 아무것도 싫고, 다만 이것을 위하여 의지는 끓고 탈 뿐이로소이다.

성령이시여, 성부의 성의聖意대로 되시는, 성자의 성업聖業을 취진시키시는 성부의 손이시여. 나를 긍련히 여기소서. 성령 도우심이 없이 나 혼자는 절대로 못하는 초성 성화사업聖化事業이로소이다.

굶주린 아이들이 음식을 갈망하고 조르듯이, 물 밖의 고기가 물을 요구하듯이, 시들어 쓰러지는 초목이 비를 바라듯이, 절대 조건이신 성령의 성우聖祐를 목말라하고 배고파하나이다.

성령이시여! 지식의 신비여! 사랑의 신비여 긍련히 여기소서.

나의 성화사업에 있어서 근본 원인이 신神삼위일체 외에는 천주께서 무시지시無始之時로부터 안배하신 이상以上 성모 마리아께서 그 첫째 길이 되시나이다.

성자께서 인간의 모형模型이 되사 성모님을 통하여 이 세상에 오셨다.

이와 같이 성모님을 불통不通하시고서는[134] 나를 천주 사람으로 박아내기

133 "너는 마음을 다하고 목숨을 다하고 정신을 다하고 힘을 다하여 주 너의 하느님을 사랑해야 한다."(마르 12, 30; 루카 10, 27) "너희는 마음을 다하고 목숨을 다하고 힘을 다하여 주 너희 하느님을 사랑해야 한다."(신명 6, 5)

134 이와 같이 성모님을 통하지 아니하시고는

위하여 원형이신 오주 그리스도 내 마음에 임하실 다른 길이 없고, 성화 완결을 위하여 필요한 성총이 내려오실 다른 길이 없다.

17

모든 인생의 어머니*

아담의 허리에서 나온 하와가 이 세상에 들어오는 모든 인생의 어머니가 되셨다 (자연의 창조). 아담의 세상도 노아의 세상도 다 멸망했다. 아담의 세상은 홍수로, 노아의 세상은 십자가로.

천주 십자가로 죄악의 세상을 멸하시고, 홍수 때와 같이 외적으로 드러나게 벌 받아 죽지는 아니하였어도, 신비적으로는 생명책[십자가성국적十字架聖國籍]에서 제외되고 무서운 하침의 선고를 받았다(묵시 21, 27[135])[136], (마르 16, 16)[137].

영생永生 주는[138] 십자가세계를 재건하셨으니 (신비세계 창조), 자연세계나 십자가세계나 벌써 무시지시無時之時로부터 예정하셨고, 각각 제때가 오매, 곧 예수, 정사釘死하여 당신을 성부께 제헌하셨을 때 그 허리에서 성인의 나라[십자가세계十字架世界](성교회)가 나시고[139], 성모께서는 이 십자가세

135 원문에서는 묵시록 21장 44절이라고 되었지만 44절은 존재하지 않고 '생명의 책'이 언급된 것은 27절이다.

136 생명의 책에서 제외 : "부정한 것은 그 무엇도, 역겨운 짓과 거짓을 일삼는 자는 그 누구도 도성에 들어가지 못합니다. 오직 어린양의 생명의 책에 기록된 이들만 들어갈 수 있습니다."(묵시 21, 27)

137 무서운 하침의 선고 : "믿고 세례를 받는 이는 구원을 받고 믿지 않는 자는 단죄를 받을 것이다."(마르 16, 16)

138 영원한 생명의 주님께서는

139 "군사 하나가 창으로 그분의 옆구리를 찔렀다. 그러자 곧 피와 물이 흘러나왔다."(요한 19, 34)*

계 창조에 십자가 옆에서 협조하셨고, 그 신세계 영원히 멸치 아니할 나라에 십자가로부터 탄생하여 오실 성인성녀들의 어머니로 선언되시고[140], 그 성인들을 낳기 위하여 십자 곁에서 말할 수 없는 고통을 당하셨다. (Ecce Mater tua의 신비적 해설)

그런즉 자녀를 낳고 기르는 것은 어머니의 것이다. 이와 같이 성인성녀들을 낳으시고 기르시고 영생에 데려가시는 이는 성모시다.

성모께서는 참으로 이 창설된 십자가 왕국의 어머님으로서 성령으로 성인들을 낳으시고, 성총으로 기르시고, 성덕으로 꾸미시고, 성화하여 영생에 바치시는 신비세계에 성인들의 어머니시니라.

140 예수님께서는 당신의 어머니와 그 곁에 선 사랑하시는 제자를 보시고, 어머니에게 말씀하셨다. "여인이시여, 이 사람이 어머니의 아들입니다."(요한 19, 26)*

18

천주 사랑으로*

삼위일체이신 천주와 친밀한 영혼은 모든 이에게 대하여 일치단결을 맺고 평화와 사랑으로 산다.

감실 속에 고적하게 사시며, 모든 이가 하는 대로 따라 행하시는[141] 예수를 사랑하는 이는 불만감을 품지 않고, 분노뿐 아니라 짜증도 없어야 하고, 어려운 성질로 불쾌하게 대할 수 없느니라.

사랑의 동작은 천주 식성에 꼭 맞는 음식이요, 사랑의 도度와 수數가 더할수록 아주 맛이 있는 일등 요리로 취급하시고 위안과 기쁨을 누리신다.

오! 내 천주여, 나 종일토록 쉴 새 없이 천주 사랑의 동작을 발하게 하시고, 밤에는 자다가 깨어서 천주를 향모向慕할 뿐 아니라, 천주 사랑으로, 밀도 극치의 쉴 새 없이 빈틈없이 발동되는 사랑으로, 잠을 이루지 못하게 하게 하시고.

미약한 육신이 잠들게 되거든, 자연 힘으로는 당해낼 수 없는 궁극 사랑에 격동되어, 시시각각으로 놀라 깨게 하시고, 이 사랑의 극치로 기진하여 온몸이 피곤에 시달리다가 쓰러지게 하소서.

141 모든 이가 (예수께서) 하시는 대로 따라(야 할 바를) 행하시는(편집자주)

19

모든 것을 다 바쳤나이다*[142]

내 천주여 나의 지극히 미약한 정성이오나 너그러 받아주시면 내 주께 감사와 찬미를 드리리이다.

나는 내 근본이시며 내 중간 최후 목적이신, 지극히 사랑하옵신 당신만을 모시기 위하여 모든 것을 다 바쳤나이다.

나의 거처로는 오막살이 방 한 칸이요, 몸에 걸친 옷 한 벌이요, 주머니에 몇 푼 돈이오며, 그 외에 몇 가지 가지고 있는 것은 당신을 배우고 알기 위한 서적과 종이[紙] 등이오며, 당신을 공경하고 찬미하기 위한 신공책神工冊[143]이로소이다. 내 자신도 자유도 다 버렸나이다. 당신께서 원하시는 것만 남겨 놓았나이다.

오소서, 나의 유일한 사랑이시여. 오소서, 내 여생에 당신만 뫼시고 있기가 끓고 타는 원이로소이다. 그러나 나는 버러지요 사람이 아니로소이다. 모든 사람의 비소거리요 천인賤人 중에서도 말째로소이다. 내 천주 아니시면 허무오니, 이것도 과만過滿한 처지로소이다.

불쌍히 여기소서.

본시 흙에서 생겨났고 또 흙으로 돌아갈 먼지이오며[144], 내 천주 아니시

142 "보시다시피 저희는 모든 것을 버리고 스승님을 따랐습니다."(마르 11, 11)*

143 기도서

144 "너는 흙에서 나왔으니 흙으로 돌아갈 때가지 얼굴에 땀을 흘려야 양식을 먹을 수 있으리라. 너는 먼지이니 먼지로 돌아가리라."(창세 3, 19)

면 결국 차지할 것은 무덤뿐이오며 무덤이 나의 최후 몫이요 무덤이 나의 거처로소이다.

불쌍히 여기소서. 도무지 보잘것없는 이 가련한 인생을 불쌍히 여기사 이 착한 지향志向에 보존하소서. 주께서 허락하시면 끝까지 항구하겠나이다.

오주를 더욱 알고 더욱 사랑하게 된 것은 지극히 사랑하옵신 성모님 마리아의 특은 외에 아무것도 없사오니 이것을 잊을 수 없나이다.

목마르다 하듯이 원하옵는 것은 더욱 오주를 배우고 알게 하여 주시고, 더욱 간절히 사랑하게 하소서. 나 목말라하는 것이 오주 사랑이요, 배고픈 것이 오주 사랑이로소이다.

불쌍히 여기소서. 긍련히 여기심이 없으시다면 천지의 광명을 보지 못하고 앞을 못 보고 캄캄한 가운데서 헤매는 불쌍한 소경이로소이다.

20

사욕 습관을 소멸하는 비법祕法

사욕邪慾의 대소大小는 있을지언정, 전무全無한 사람은 하나도 없다. 사욕의 발작이 오랫동안 계속됨으로 인하여 아주 쉽게 혹은 무의식중에 혹은 걷잡을 새 없이 발하는 동작을 습관이라 한다.

습관은 어떤 사욕이 출현出顯[145]하기 위하여 광평廣平하게 잘 닦아 놓은 길이다.

1/. 고요히 감시하고 있다가, 사욕이 나오는 대로 잡아 없이할 것. (즉시 보속하고 정지定志할 것)(횟수가 감축됨)

2/. **예수**께서 목마르다 하시듯이 원하시는 것,[146] 즉 (우리 영혼의 모형이 되시는 **당신**께로 우리가 들어가 그대로 꼭 찍혀 **오주**를 빈틈없이 닮은 자가 되기 위하여 반드시 없어야 할 사욕인즉 **예수** 닮을 욕망慾望이 간절하면) 뜨거운 사랑을 발해서 누를 것.

3/. 예수 사랑으로 받는 고苦는 정화력精化力을 가졌은즉, 시시로 당하는 고苦를 십자가의 제祭와 합하여 봉헌할 것. 늦추지 말고 꾸준히 나아가면 필승하리라.

---

145 出現이라 하지 않고, 出顯이라 하였다.

146 그 뒤에 이미 모든 일이 다 이루어졌음을 아신 **예수**님께서는 성경 말씀이 이루어지게 하시려고 "목마르다." 하고 말씀하셨다. (요한 19, 28) "나에게 마실 물을 좀 다오."(요한 4, 7)*

21

영성체 후 성화 상태*

영성체 후 성화 상태(**천주**다운 사람으로 변화하는 상태) (영혼의 모형模型 되시는 **예수** 안에 들어가 예수를 닮는 모양))

1/. 음식이 인체에 흡수되어 그 체體의 피, 살, 뼈, 세포로 동화하여 그 사람이 되는 것과 같이. (그 외에 것은 배출됨).

성체를 영한 사람은 그 전부가 **예수**께 흡수되어 그 정신, 마음, 힘, 애정, 지향 등이 몽땅 **예수**의 그것으로 동화되고 따라서 내부를 표현하는 외부 육체도 (태아가 부모를 닮는 것처럼) **오주** 인성人性을 닮아 눈, 입, 전 안면全顔面, 외관과 그 기거동작에까지 내부가 드러나고 **그리스도**가 출현出現하신다. 그 외에 모형 틀에 들어가지 못할 것은 (특별히 영성체 전에) 배출시켜야 한다. 없애 버려야 한다.

2/. 태아에 비하여 보면, 모친 복중에 생기기 시작한 사람 씨가 아홉 달 동안에 어머니를 닮는다. 처음에는 미균 버러지 차차 발육하여 이목구비가 생기면서 저의 어머니를 닮는다. 이렇게 발육되는 동안에는 외부로부터 모친을 통하여 영양분을 받고 또 충실히 받아 건전한 사람이 되어 세상에 나온다.

이와 같이 영성체하는 이는 **오주** 안으로 들어가 처음에는 버러지 같은 사람이 (죄 많이 없는 청극상태淸極狀態[147]) **천주 예수**를 닮기 시작한다. (이 닮는 동화작용은 특별히 성체와 나와 혼합하여 있는 때) (영성체 후 약 이

십 분가량) (초목草木이 비 맞을 때, 사람이 음식 할 때다).

이 동화작용에 필요한 양분은 덕德과 공功이니 사욕 누르는 공부, 사랑의 동작, 극기, 희생, 고통 인내, 애긍시사, 제일 자기를 죽이고 없이하는 데 힘쓴 것과 쉴 새 없는, 빈틈없는 사랑 등이 많을수록 영혼은 오주를 더 쉽게 더 잘 더 빨리 닮는다. 맘 쓰는 것, 뜻 갖는 것, 생각하는 것,

147 淸極에서 淸은 분명하지 않다.

22

애정 부리는 것, 말하는 것, 담화하는 것, 듣는 것, 보는 것, 먹는 것, 일하는 것, 행보하는 것, 몸 갖는 것, 기거 동작하는 것, (기쁠 때, 어려울 때, 좋지 않은 때, 근심걱정 있을 때, 골 날 때, 짜증날 때, 어조가 불화不和, 말소리가 거북하게 나가려고 할 때, 농담하기 싫을 때 ... 이런 때) 생각하고 마음 돌리는 것 등에 온전히 **오주 예수**를 닮아, 바로 **오주 예수**를 드러낸다. 그는 벌써 죽어 없어지고, 그에 생활하시는 이는 **예수**시다.[148]

148 이제는 내가 사는 것이 아니라 **그리스도**께서 내 안에 사시는 것입니다. (갈라 2, 20)*

23

쉴 새 없이 사랑을 발하는 법

나는 주를 사랑합니다.

암만해도 사랑이 아니 발하면 어떻게 할 것이냐. 사람이 살려면 먹어야 할 터인데(의지意志는 사랑하고 위장胃腸은 먹어야 한다).

암만 먹으려 해도 아주 구미口味 싹 지워져 도무지 맛을 모르고, 억지로 먹으면 또 위장이 받지를 아니하여 즉시 토한다면 이 무슨 까닭일까.

의심 없이 병이다. 병도 중병이다.

1/. 죄가 없어야 한다. 고해성사 전에 자백自白, 자진보속, 기구(적어도 번수番數가 감소되어야 한다).

2/. 사욕을 눌러야 한다(물욕..... 육욕..... 허욕.....).[149]

3/. 잦은 악습을 눌러야 한다(횟수가 죽 일어나는 세력이 약해져야).

4/. 천주의 불쌍히 여기심을 받기 위하여 남을 불쌍히 여기고 동정하라. 이렇게 하고 또 계속하라. 실망 말고 계속하라. 사랑이 일어나는 것을 네 자신이 깨닫고, 또 폭발하리라.

세상 물들이 끄려야 끌 수 없는 사랑의 크고 큰 강하를 이루리라.

5/. 내가 가진 것 또 좋아하는 것 팔아서 애긍하라. 내가 사랑하는 예수께 드려라. 사랑하는 이에게는 내게 좋은 것을 다 주고 싶으니까.

149 삼대사욕三大邪慾

6/. 어떻게 하면 오주를 위로하고 기쁘게 해 드릴까.

항상 생각하고 특별한 방법을 써서 오주를 위로하고 기쁘게 해 드리는 영혼은 복되니, 그 영혼은 오주를 닮는 특은을 받아 오주를 더욱 잘 닮으리라.

이 특별한 방법은 무엇이냐.

이때까지 먹고 살던 웅덩이의 썩은 물을 버리고 (물욕, 정욕, 허욕), 예레미야 선지 성인이 가르쳐 주신 옆에 있는 달고, 맑고도 시원한 샘물을 먹는 것이니, 이 물은 돈을 주고 사 먹는 세상 물이 아니요, 다만 사랑으로 얻는 천상신비수天上神秘水요, 영생을 주는 복된 생명수生命水다.

오주여, 나는 오주를 사랑하지요. 사랑으로 모든 것을 다 오주께 바쳤사오며, 이 자신까지, 자유까지 다 바쳤나이다. 시방 오주께 드릴 것은 현재 이것이오며 또 전부로소이다. (일, 쉬는 것, 말한 것, 생각한 것, 고단한 것, 안타까운 마음, 사욕[침을 발라 드리지 말고 불로 태워 드려라] ....)

지극히 사랑하옵신 오주여, 이 미약한 것이오나 받으소서.

이것이 오주를 기쁘게 해 드리기 위하여 오주 성심께서 받으신 모욕의 보상으로, 오주의 영광으로 돌아가게 하소서.

저는 괴로워도 좋습니다. 오주 마음에 꼭 드는 충실한 종으로 주께 봉사할 은혜를 주옵소서. 그 외에는 아무것도 바라는 것이 없나이다. 불쌍히 여기시고 버리지 마시옵소서.

25

성화 삼단계(聖化三段階)*

성화聖化 초初에

제일 먼저 할 것이 무엇이냐.

1/. 지도指導

2/. Recta intentio[150](입원동기入院動機[151]) 바른 심정心情

다른 심정(의향意向)은 못 쓴다.

성화 삼단계聖化三段階를 통하지 않고서는 도저히

대성화 오단계大聖化五段階에 들어갈 수 없다.

첫째 사랑이 불발, 영혼의 무미건조 상태.

성화聖化 일기一期

일단계	대죄를 피함
이단계	소죄를 피함
삼단계	불완전을 피함

150 (라틴) 바른 심정 혹은 바른 의향

151 수도원 입회 때의 의향

성화聖化 이기二期

<table>
<tr><td>침묵십계沈默十誡 덕연습德鍊習</td><td rowspan="2">일단계 영혼의 새벽
이단계 환하고 밝게 보이는 성인의 길
삼단계 천신의 지식을 받음
사단계 천주를 느낌</td></tr>
<tr><td>대월삼칙對越三則 전수全守</td></tr>
</table>

성화聖化 삼기三期

<table>
<tr><td>동존생활同存生活</td><td rowspan="2">1/. 성령강림聖靈降臨
2/. 지상천국地上天國
3/. 무한無限으로 무한無限으로</td></tr>
<tr><td>일치생활一致生活</td></tr>
</table>

26

성인의 기도생활

성인은 착하신 천주의 마음을 닮은 고로 원수가 없고 남에게 악을 할 줄 모르고 좋은 것만을 원한다.

모든 고통 모든 선공善功의 제헌祭獻이 끊임없이 올라간다. 자기 뜻에 맞지 않고 고난을 당하면 기뻐 용약한다. 그것을 천주께 제헌하면서 천주의 마음을 기쁘게 해 드릴 재료를 얻은 까닭에, 무상無上의 보배로 아는 까닭으로.

성인 자신은 천주를 기쁘게 해 드리기 위해 이 세상에 났고, 이것을 위하여 나아가는 것이 유일무이의 갈 길이요, 무상無上 최고 사명인 줄 알고 여기에 전력을 기울이기 위하여 수도원에 들어온 줄 아는 고로,

자기를 눌러 없이하는 데만 전력을 기울이는 고로,

자기를 눌러서 천주께 바치면 그것이 가장 천주를 기쁘게 하는 것인 줄을 잘 아는 고로,

오주께서 십자가에 달려 십자가세계를 이루어 놓으시고 천주를 크게 기쁘게 하시고 마귀를 패배케 하신 것처럼, 이렇게 고통에서 죽기를 간절히 원하면 그렇게 죽는 그날을 천상천하에 가장 경사로운 날인 줄 알고 고대하는 고로.

27

천천히 꼭꼭 씹어 먹는 음식이 동화同化가 잘된다. 열심히 새김질해가며 묵상하면서 보는 글이 신미神味를 내고 (천주天主 사랑) 힘을 준다. 이 힘으로 사욕을 누르고 덕으로 올라간다.

목마르다*

목마르다!![152]

임종에 당하신 예수 극도에 달한 갈증을 푸시려 물을 청하시는 말씀일까. 그러나 그 절세絶世 무비無比의 그 갈증渴症을 물로 풀지 않으셨다. 이 적절한 기회에 이 갈증은 지극히 심오한 신비를 상징한 말씀이니. "끓고 타는 치열한 사랑이 목마르다!"는 말씀.

누구나 다 우리 본이시요, 모형模型이신 우리 예수 안에 들어가 우리 예수를 온전히 본뜨고 닮는 동시에 우리 사랑도 예수 사랑을 닮아 끓고 타는 치열한 사랑으로 천주 아버지를 즐겁게 해 드리고 싶으신 애욕愛慾 극치極致의 말씀이다. 이 세상에 오셔서 일생을 통해 하신 사업. 가신 길이 모두가 천주 아버지를 사랑하시고 기쁘게 하신 것뿐이니, 누구나 다 같이 이 같은 사업, 같은 길을 가자고 하시는 말씀이다.

목마르다!! 팔을 벌리고!! 가슴을 열고!! 누구든지 다 오라.[153] 누구나 다 안아 드리겠다는 말씀. 이 치열한 사랑의 마음으로 들어오라. 내가 사랑이요 사랑의 자체니, 이 사랑에 들어와 같이 사랑하자는 말씀이다.

네 영혼 육신, 네 사언행위. 네 기거동작을 전부 내게 다오. 네 여생을 –[154].

152 다른 글씨보다 훨씬 크게 썼다. 예수님의 목마르심을 강조하려는 의도로 보인다.

153 "고생하며 무거운 짐을 진 너희는 모두 나에게 오너라. 내가 너희에게 안식을 주겠다."(마태 11, 28)*

154 이 짧은 줄(-)은 앞의 말 '내게 다오'를 반복하겠다는 뜻이다.

성부 사랑으로만 흘러간 내 삼십삼 년 세상살이의 연장延長으로 하겠다. 너와 내게 있는 모든 능력이 천주 사랑으로만 동動하는 제이第二 그리스도를 이루겠다. 이렇게 내 아버지의 외적 영광을 완성하겠다는 말씀이다. 이것을 내가 끓고 타는 듯이 목말라하신다는 말씀이다.

그런즉 수도자여 무엇을 생각하느뇨? 무슨 계획을 하느뇨? 우리 예수는 날마다 십자가 제헌을 새롭게 하는 미사 때마다 공중에 달리시어 우리를 향하야 목마르다!!! 적적한 감실 속에서 시시각각으로 목마르다!!!

날마다 영성체하면서 주께 완전히 흡수되어 주의 뜻대로 해 드리면서 그 갈증을 풀어 드리지 못하고, 아직도 너를 죽이지 못하고, 너라는 무엇이 남아 있느냐.

아직도 네 예수를 닮지 못하고 너대로 남아 있느냐?

수도자여! 수도자 아닌 막달레나, 세시리아, 에집시아가[155], 젬마 갈가니가 앞서지 아니하였나?

155 어느 성인인지 분명하지 않다.

친필 원고*

*한국순교복자성직수도회 수장고(자료 코드번호: KAB0010301/건명: 대성을 이루는 오대비결)

大聖을 이루는 五大秘訣

第五 至極히 微小한것을 精誠을 다하여 完遂할것이다 (平凡, 微小, 果勝)

1/. 長上이 手下에 어떤일을 시켰을때에 그것을 잘하였드라면 그手下에게 더큰사랑을 받는機會였고 여러가지로有利 하였을것이다 그런데도不拘하고 그일을等閑이 했다면 그當場에 污點의 信印을 받고 그눈밖에 나서 몇倍더큰일을 해서 그歡心을 얻기전에는 다시 服田和解가 어렵게 된다

2/. 經驗上 적은일을 不忠實히 하였으면 얼마아니 가서 難關을 겪으리다 此理由는 적은일을 完遂함으로 天主께 받는 降福은 앞으로 닥쳐오는 큰일을 치루기에 넉넉하고도 남는 힘이 있다는것을 如實이 證明하시는것이다

第一期 鍛煉之道 (精化期) 心理變化 各期靈魂狀態 1

地獄은 勿論이오 世苦도 무섭다
卒死도 무섭고 벼락도 무섭다
何如間 罪는 없이 살어야 할것이다
完德의 길은 밀려오는 波濤를 넘고 疊疊山中을
뚫고나가는 것 같이 漠然하다
가끔 世俗을 도라다 보게 된다

원죄이오 없지는 않지만

三大邪慾은 減消되지 않고 가끔 여기저기서 衝突이 된다
때로는 生死가 걸린 激戰도 이러난다
그의 祈禱는 復雜하고 대개가 利己目的이다
克己와 犧牲이 있어도 亦是 利己心에서 되는 것이다
조심걱정이 갈마들고 많은 번중이오 잡담하다
잘할때면 支障이 온다는 口實로 怨怒 不滿을 잘한다
大罪만 없으면 多幸이오 小罪까지 피할 생각은 없다

第二期 光明之道 (照明期)

前期

精化期間에 싸우다 氣盡脈盡하여 쓰러지면
다시 니러나기 어려운 靈魂이
黑雲에 앞길이 막혀 面前만 보고 무거운 발을 一步一步
옮겨 나아가는 靈魂이 (비츠러, 꾸준이)
支離한 장마 中에 구름이 열리고 푸른 蒼天이 보이며
그 틈에서 光線이 빛이드시
가끔 가끔 天主의 말슴을 깨닫게 되고 거기서 多少간의
熱情을 얻게 되고 거기서 希望이 發하고 힘을 얻게되니
이것이 그 完德의 生命을 維持하는 糧食이다 (마 4.4)
貧寒한 者가 푼푼전전 몰아 財物을 만들듯이

後期

이렇게 德을 닦고 功도 세우면서 육體가 모르는
사이 자라듯이 어느듯 그 靈魂도 차차 자라
德에서 德으로 올라간다
어떤때는 상당히 높이 올랐다가 떠러지곤 또 떠러
지곤 한다 (少少한 過失로)
이 靈魂은 過失을 犯하기가 수웁게 補贖을 잘한다
이렇게 三期에 갓가워지는 靈魂은
아직도 남어있는 邪慾으로 因하야 自己가 自를 못이겨
少少한 罪에 떠러질 뿐이오 魔鬼에 誘引으로
떠러지는 境遇는 아조 드물다
犯한 過失을 크고 무섭게 補贖하야 갚고도
갚이 남는 故로 이런데 있어서 魔鬼는 거이 斷念
한 모양이다
어느듯 一期에서의 心理狀態, 性質
志向은 길을 밟으기 시작하고 天主사랑에
취미가 상당하려는 것을 느기게 되고

이 사랑을 더할 수 없이 누릴 길을 찾게 될 때에

(결국) 邪慾과 自我心과의 正面衝突이 始作 된다

이것이 完德에로 드러가는데 最後決戰이오

그後에 군데 군데서 이러나는 自我 의 掃蕩戰이다

~~第三期 配合之道 (神婚期 四段階) 大聖의 길 (秘訣)~~ 四段階

이 最後決戰에 [악전고투하여] 勝利를 얻고 自我掃蕩戰에 全力을 기우려

~~第三期 配合之道~~ 남은 偏情屈服 식히고 大勢를 얻은 靈魂은

개선가를 부르면서 ~~二段~~ 第三期로 드러간다

第三期 (配合之道)
- 一段階
- 二段階 (大聖의 秘訣暴露) (單一合 聖人의 길)
- 三段階 約婚期
- 四段階 (~~神婚期~~) 大聖의 길 (完德의 完德)
- 五段階 神人그리스도의 發顯

各期 靈魂狀態 之

各期各段階에 屬한 靈魂들은 누구냐?

1

聖體朝拜

麪形안에계신 예수 龕室안에예수

一分一秒도 天主의聖寵을 때놓새없이 누리는 靈魂이
어찌 天主를 잊을수있겠느냐 (시 27) (Deut 8. 11-14)
微弱한 靈魂이 龕室안에 建康劑를 떠나 다른데어데로가서
더 낳은 補藥을 求할수있을까
龕室안에 예수를 각가이하여라 꽃밖어지리라 (詩篇 33.6)
罪惡번데기는 네靈魂을둘러싼 罪惡번데기는
聖體께서 벗어주신다 나비가된靈魂은 번데기에서
나와서 天主께로 날러간다 이꿀의꽃밭으로
날러다니면서 德의꿀맛을 본다
⊕ 주검을무서워하는人生이여!
그늘아래로 (오시아 13.14) 죽엄을죽이는 生命樹에
天主를저버린 靈魂은 無人地境이되리라 (아사 17.9,10)
만드시신造物主 天主를저버린故로.
天主께서는당신생각하지않는靈魂을 荒野에 끌려
드는것을 가만두신다 (유딧 3.7—4.2)
天主를떠나고 공경하기싫어하는 靈魂은 음난한길
사욕의길로가다가 거기서 이러나지못하고죽는다
(로마 1.18) 나를찾어도 맛나지못하리라
吾主의 苦難이 네죄를사하시고 네게복을주시지않느냐
天主를생각지않더니 착함을모르더니 어찌하면
그가는곳마다 天主의그림자도 없어지시고나 (麪形)
나의唯一의 사랑하옵신 吾主예수는 우리 담뒤에서
나를기다리신다 (雅歌 2.9) 담틈으로 나를보시면서..
吾主로러오시게 어여문을열어드려라
친구인가 문직이는 오늘이즐우라 드리면서 없으면
누가라도 오기를기다리면서도 하루종일 담뒤에 (麪形뒤에)
서계신 예수는 쓸쓸히 하니
다른손님들은(사욕) 즐거히환영하고 우승으로 처하면서
뽀다이문을 사욕의문 죽엄의문 멸망의문을 닫고
담뒤에서계신 예수를 잠깐생각하라 (朝拜)
天地振動하여 山들과같이 이같로 문허질때가오리니
그때가 오기前에 네가먼저 문열어드리고 (사욕)....
예수를모셔드려야한다 (담뒤에(麪形뒤에) 계신예수를...)

聖體朝拜 2

靈魂아 네가 邪慾의 번데기를 벗나기던 예수께서는
[illegible]形을 벗으시고 네게 드러내신다

갓실알의 靈魂은 선을 쌓고 악을 떠나고 위험을
피한다

번데기속에 든 벌레가 박하기를 : 아모도 보는이
없다 맘대로하자 (에제키엘 8.12) (Dan.)
닭위에 외계신데 (사욕의 닭) 번데기를 뚫고 나비 되여
나오기를 기다리시는데 (사욕의 번데기)
나ㅣ 셋재날에 오리라... 무섭다...(요애 19. 10...)

첫재날은 세상에 나온날이오 둘재날은 세사리하는
날이오 셋재 날은 죽는날이라

天主 첫날에 오셔서 둘재날을 같이 지내시고
셋재 날에는 나와 같이 떠나셔야 한다

첫재날은 심는날이오 둘재날은 가꾸는날이오
셋재날은 걷우는날이다

이날이 오기전에 바빌론에서 나와야 한다 (사욕)(묵18,4)

잠 자고났더니 손에갖이고 있던 보재가 하나도없더라
天主생각은 잠을 갖어간다 (詩篇 75,6) (創世 31,1 - 42,9)
(箴言 6.9) 나자로가 자니 잠에서 깨어가겠다
우리는 잠에서 깨어있을때다 (로마 13.11)
홀로페르느가 사욕에 취해 잤다가 죽고
삼손도 자다가 힘을 잃었다 깨여리주테다
다섯동정녀도 자다가 영생을 잃었다
시방은 잘 때가 아니오 천주을 받는때오 구하는때다

聖[illegible]解釋 聖體 聖事 3　　미사성제

양을 잡어 불에 태워 드리더라
하는것은 양이 아니오 네 사욕이 태여야 한다
네 사욕이 타서 완전히 消盡되여야 한다
태우는것은 불이 아니오 天主사랑의 뜨거운 불이라야 한다
(3王18, 38) (4王1.10) 이런 사랑의 불이라야 네 邪慾이
사라진다　하늘에서 불이 나려와 희생물을 消盡하다.

天主사랑으로 네 사욕을 죽이며, 태우면
이것이 十字架의 祭獻이다　十字架의 祭獻은
벗으시고 죽게 되는 祭獻이 아니오. 내天主여.... 어찌하야
나를 바리셨나잇가 (神秘....를 생각하시고 하신 말씀) (架上言中
[?] 가장 비참하고 쓰고 쓴 맛이 至極에 솟어드는 말씀) 하며
肉體苦痛. 精神苦悶 靈魂의 孤寂 이러한 것을 막논하고
이러틋 苦難中에서 드리는 祭獻이다
평안中에서, 사랑을 늣기고 단 눈물을 흘리는 祭는
(十字架의 祭는 아니다) 도저히 比할 수 없는 것이다

희생이 죽으면서 흘린 피는 祭官이 至聖所에 갖이고
드러가서 天主께 받이면 赦罪되더라

이피는 (吾主께서 十字架에 달니어 우리를 위하야 祭
獻하실때에 흘리신 피) 神秘를 상증하는것이니

靈魂이 邪慾을 죽일때 말할수없이 앎으고 쓴 苦痛을
當한것이니　이피를 (神秘의피) 예수께 흘리신 피와 같이
祭台에 올녀야 그 죄와 邪慾이 消滅된다 (레비16,27)
죽으면 산다 (사욕에서 죽으면 永生이다) (2디모테2,11)
사욕의 번데기가 죽어지고 나비가 되여나오면
꽃봉오리가 허지고 꽃이 되면 吾主예수께서는 그꽃을
보존하려 오신다 (雅 5,17 — 6,1) 天堂宮殿 앞뜰에
심으실려고.　그 향기가 하늘까지 올나간다 (默8,4)
天主는 명하셨다 羊을 잡되 남는것 없이 몽탕 삼켜라
만일 남는것이 있으면 날 밝도록 기다리지 말고 불에
태우라　허리에 띠를 띠고 발에 신우신고 손에
집행이를 짚고 빨리 먹어라　주께서 지나가심이니라
우리에게 드러내실 神秘를 미리 말씀하신것이니

~~네가 (네)主를 위하야 모든것을 다 받이고 네 [?]~~
생명까지 ~~[?]~~ 네 사욕을 天主사랑에 불로 태워 [?]으니
(에집도를 떠나 羊을 잡어불에 구어 먹음)

聖體敬拜 麵形안에 예수 5

불붙는 단 破格的觀相 (天主聖三께로)

(聖神의 迅速을 넘음)(無化精神) 靈魂은 있는힘을 다하야 山과 물을 뛰어넘고 物質界를 지나 (雅 2.8) (제模形 主께서 오실때 꼬고 고래로 닮어서) 모든 正물을 뒤떠러놓고 九重天을 헤여넘어 萬有우에 座定하신 聖三께로 달려간다 電 되를 吸收同化 하신 主 電光의 迅速을 입혀주신 主의 지나가심이 아니냐

主 지나가시는 곳마다 天地가 振動하고 山이 주저앉고 하늘이 녹아 나리느라 (詩 67.7)

靈魂이 이르는 곳마다 三大邪慾이 戰慄하고 悲難中에 녹아 없어진다

이것은 自我를 無化 하고 主 그리스도께 完全이 同化 된 結果다.

聖人의 길 (1)

完德의 第三期 配合之道

天主와의 緊密한 一致

完德의 根本이신 天主

人生의 完德과 참 幸福은 根本이시오 終末이신 天主와의 一致에 있다

그런즉 天主아닌것은 무엇이나 다 바리고 完德이시오 萬善美好의 根本이신 天主만을 渴望하는 聖人은 眞實로 明哲한 至人知者이다

万有의 根本이시오 絶對的이신 天主의 万善美好여!!

온世上은 空冊 天地라 하자 .

바다물은 墨이고

天地万物은 (사람, 즘승, 나무, 풀, 돌, 모래) 다 書記다.

그대로 天主께 対한 그 眞美善 한가지만 쓰기시작할때에 다 또 畫하고 말것이라

이렇게 能한 사람이 있다고 하자

이런사람도 万一 天主의 眞美善 한가지를 알어듣는다면 (天主께서 特典으로 保存하시지않는 以上) 同時에 녹아 없어질것이다

聖母님께서는 달을밟으시고 十二星이 머신가운데 계시다 하였으니 달은 最高巨星을 뜻하고 12星은 天地에 王하는 揀選된 愛民十二支派를 뜻하는것이니 모든 被造物이 聖母님께 奉仕한다는것이다

天主의 愛民 144,000名은 各各 巨星 (巨星)係 하나씩 차지하고 있다하면 그 第一작은 聖人이 (太陽係가모든 係에 있어서 가장 작은 家庭이라 하니) 太陽과 그 直係諸星우에 王臨할것이다

그런데 事實에 있어서, 天堂에서 聖人이 차지하시고 누리시는 福은 여기서도 無窮이 超越한것이니.....!....?!

沈默이 雄辯이다.

참 ~하고 可憐한 人生이여!!

이렇다시 좋으신 天主를 어찌하여 모르고.....

곰사돌이가 땅만 보드시 위를 보지못하는구나

네 머리는 虛榮에 치고 네 배는 物慾에 充滿하고

네 몸은 情慾에 잠겼구나

水泡같은 내 邪慾에 捕虜가 되고 聖人의 길 (2)
뭉지 같은 被造物에 끌려가노나

(親)
사랑은 세가지다 貪愛, (戀)愛, 善愛

貪愛는 自己에게 좋아할수록, 有利하니까 사랑함이오
親(戀)愛는 自己性質에 잘 맞으니까 사랑함이오
善愛는 無條件하고 好意로 (利害關係를 떠나고 性質이 合不合을 莫論하고) 사랑함이다

여기서 善愛가 가장 高尙하다

貪愛에서 親愛로 가고 天主의 도으심으로 親愛는 善愛로 變한다 (Amor concupiscentiae, Complacentiae et benevol.)

그러면 어찌하여 열심 있다는 사람들도, 흔이; (修道者까지도) 이런 사랑 기쁨을 누리는 이가 드므냐?

理由는 둘이니

1. 1º/ 被造物을 사랑하는 三大邪慾이오
2º/ 自己를 위하는 利己之心이오

2. —— 無識 이라 (착하신 天主께 대한 認識不足)이니
어떤 靈魂은 天主의 善美好에 대하야 조금만 더 안다면,
또 이 세上에 出生한 唯一한 目的이 天主사랑이라는 것을
조금만 더 깨닷는다면
적어도 어느 程度 天主사랑하는 공부에 努力하였을걸,
또 努力한 程度만큼은 天主사랑의 단맛을 깨다랐을걸,
同時에 天主와 점점 갓가워졌을걸
그러느라면 天主께서는 가만이 계시지 아니하고
반드시 성총을 주셨을것이오 성총과 그 靈魂의 活動이 並行
하면 그 결果는 더욱 神奇할것이니

그靈魂도 聖光의 擊動力을받어 結局 天主사랑에
全心全力을 기우리는데 이르지아니하였으랴? 聖人의길(3)

1/. 萬有의根本이신天主存在(義人에게는特別이)에 徹底한 認識. 2/. 必然有와 그本質의認識
3/. 無限하신善의認識 4/. 나의存在, 生命 活動이 全的으로 天主께 달렸다는것. 5/. 그攝理하심으로 天主를 사랑하는내에 모든것이 다 좋게만 도라간다는것.
(天主와 그 義德....마)

그러기에 全面的으로 徹底的으로 天主께屬해야할것이다.
(主여 나ㅣ 세상에서 무엇을바라겠가 詩)
(平和히도 天主平和안 자고쉬리이라 詩4)
오! 主天主여.... (준주)

神人그리스도께서는 온人生의 表本이시오 模型(본대)이시다

그人性에는 天主의 모든 充滿하심을 通하였다
우리가吾主의人性을닮는대로 天上降福에 充하다
吾主의人性을通하야 天主의 無限하신 恩惠의 神秘가 들어났다 얼마나 우리를 사랑하시면 天主께서人性을 取하시고 우리와같이 사르시면서 天主를 닮게 하시면서
失足天主잃은 사람을 復舊식히실뿐아니라
萬有를 超越하야 天神地位에 드러올리시고
天主사랑에 熾熱하는 새게루빔 세라핌의 높은 地位에뿐아니오 神人그리스도와 一體가되게하사
聖三中에居하게 하시는고!!!
福되다 天主예수를 닮는 靈魂이여
世上에 살면서 天福을 누리는고나
天主의 사랑사랑하시는 熾熱한 愛德은 더욱재촉하사
天堂갈때까지 기다리지못하신듯이
天堂福을미리 퍼주시는고나
瀑布같이 쏟아지는天主의 熾熱한 愛德은
우리안에 사랑과 万福의 江河를 이루었네

聖體聖事. 麵形안에계신예수 聖人의 길(4)

天堂에 神秘의 神秘를 暴露되고 말았다

사랑을 못 말리신 예수께서는 얼마나 우리를 사랑하시면
靈魂이 天上降福 받기 위하여 가다치시고 鍛鍊시키시고
向上시키신 후에 우리 本性대로 당신 모든 善美를
몽땅 쏟아주신다 쏟아주시고 또 쏟아주셔도
無窮無盡한 眞善美! 無限하신 主의 慈悲之心!
이 靈魂만은 微弱하고 制限되어 더 받을 수 없이
充滿하고도 漲溢한다 (여기서 단련中에 苦痛 어찌 말하랴)

麵形에 吾主예수는 다른 方法을 생각
하셨으니: 領聖體를 通하여 내 靈魂 [illegible]케 하시고
그것도 不足하사 달이 저의 넘듯이 당신을 닮게 하사
第二당신이 되어 神秘的으로 無限定자라게 하시게 되니
無限한 사랑 無限한 복을 無限이 빌게 하신
神秘의 神秘여...!...?...!!...??....!....?....!
침묵이 最高 說敎이다

오! 麵形 안에 예수, 감실 속에 예수!
구름에 쌓인 太陽이실까!
茂盛한 草木에 가리워 흐르는 (성총 사랑 神樂
永遠한 神秘가 흐르는) 地上에 四江일까!
오! 萬福의 極致여! 聖體 모신 감실을 모신 靈魂은
萬福이로다!
이것이 事實이라면 누가 歸依라 말을 혹 하리며 눈물 섞인
밤을 구하고 있는 힘을 다 기울리고
더구나 自我라는 데서 더구나 邪念에서 무슨 樂을 꿈꾸고

聖人의 길 △1

聖人이 별안간에 되는것이 아니다 天主께서는
衝擊的으로 하실수있으시지만 普通으로는 自然
法의依하야 時間을 要求하신다
네가 母親腹中에 사람으로 ~~해서~~ 생겨서
즉시 세상에 나왔더냐 아홉달 후 안이냐
胎盤에 나와서 살만한 ~~힘이 생길~~ 때까지의 器官組織이
전 ~~[illegible]~~ 하지아니하였더냐 整備가 될.

네가 생긴지 아홉달 만에 세상에 나와서는 그 즉시
完人이 되였더냐 數三十年이란 長久한 歲月이 걸렸다
세상에서 어느한 方面에 完全人 知者가 되기위하야 얼마 支離한 歲月을 보내지않았느냐
要하였는고

大聖에 到達하는것도 이러하다
먼저 完德의 觀念이 徹底해야할것이오 이것을위하야는
책을보고 先進者에게 묻고 배워야 한다
그後에야 實踐하는길로 드러스는것이니
먼저 사욕을 누르고 죄를 피하고
德을 닦기始作한다 이렇게해서 罪에는 다시 떠러지지
않을만큼 向上되였으면 그때 바야흐로 第一期를
지 난 것이다

이제겨우 머리를 숙이고 기회만 엿보는 邪慾을 더욱더
制抑 ~~하면서 德에서 德으로 올라가며~~ 하느다면 (二期入門)
黑雲이되고 靑天이 드믓드믓 드러나듯이 眞理를 次次
깨닫게되고 同時에 활動되여 德에서 德으로 올라간다 (二期中段階)
德化할수록 神味를 깨닫고 天主의 사랑을 맛본다
病이났고 建康을 回復할수록 음식맛이 도다오는것같다
天主의 사랑을 맛보고는 기가막혔다 꿀께에서는
꽃보든 맛이라 이렇다시 맛이좋은 天主의사랑을 어떻게하면
만足히 누릴수있을까 追窮할때 邪慾과 利己心等이
唯一의 支障인것을 깨닫자 ~~바야흐로~~ (魔鬼世俗이 誘惑할지
라도 邪慾을 반드시 利用經由함) 바야흐로 나의敵이되는 나와
正面衝突이 始作된다 (二期末段階)

聖人의길 ②

나와 네가 正面衝突된 이 쌈은 언제나 끝이날런지 상상도
할수없다 人力으로는 할수없다 ⊕이것이 原罪의 痛根한
結果로 邪慾을 길러 犯한 本罪의 悲慘한 狀態다
總力을 기우려 쌈오고 또 쌈와도 이러나 그로 이러나 덤비는
邪慾은 ~~無盡~~藏이라

無邊海上에 ~~●~~ 밀려드는, 당해낼수없는 怒濤요
疊々山中에 가로막힌, 참아넘길수없는 峻嶺이다

七罪宗의 사슬로 얽히고 七慾에 앗 卽 ~~●~~ 이 저힌 人生이로다

하늘로 올라가도 땅으로 드더가도 따라끝까지 ~~●~~지
잡기로 이사슬을 풀고 이 大 EP을 없시할 길은 없으나
여기서 얼마나 많은 靈魂들이 善德의길을찾으르고 주저앉어 어찌
할바를 모르고 눈물을흘리면서 도라서 가는고
죽음의 그늘로 도라 ~~●~~서 간다
드와줄 도게되도 命이 ~~●~~ 濟法해있다 ⊕
그러나 ✕도다시가지아니하시고 희망의길을빛기를울면서기다리셨다
너또 울면서 가지말고 네길이 빛이는 데까지는
㊂ 벌이고 있으다 씨를뿌리고또다가는너는울고가나 뿌린씨를 갖우면서
수확까지기다리는나는곡식닷을들고오며 춤양하느니라
너를위하야 쌀와주실 全能하신 天主이계시고
너를도아주실려고 適機를기다리시오 때가오면
七恩을 動員하아갖이시고 번개같이 오실 聖神이
계시다 여기서 明記할것는
네 ○人力으로는 絶對不能이요 聖神七恩의
도으심으로 모든 難關이 突破되고 앞길이 훤하게
열린다는것이라 이것을 切實이 늦기고 이것이
비머리속 꾸수가지 같이 …… 젖어드러야한다 ○ 인제 좀 보이나라
어린羊이신 吾主예수를 迎하아 聖神의 七恩이 發動되면
가로막혔던 支障은 하나식 …… 풀어진다 (목 5. 1……
6. 1……)
이 뉘 끝모르는 隱보이 나라는것을 ~~사세우고~~ 생각하고
찾고 내세우는사람은 누구를 막논하고 이논리로 성인이라도
絶対不能이니 프롤지어다
《 저들은 내길을 몰랐다 내 義怒하야 斷定하노니
만만코 내 安息에 들지못하리라 》(詩 94, 5)
모박제힐으로 大聖에 違할 주우빌는者는 크게 실敗하고
고할것이다

이 聖人의 길 △3

이렇게 허진 길은 聖神으로오심으로 그렇게도 어렵든
길이 아조쉽게 되것는 뿐아니라 愉快하게
단순눈물을 흘니니 天主의 하는 사랑의 재촉함으로
불려가게 된다 이렇게 完德의 二期를지나
三期로 드러가게된다

그런즉 네 일생이 얼마나
千年이라도 ~~하로~~ 어제지나간 하루 같이
네一生이 아니냐
짧고 ~~빠른~~ 빠른 ~~다는것을 몰랐다면~~ 이것을모른다면
깨닫고 악낙이 네일 오더라 (stulte… 루 12. 9…)(1베 10. 12)
1막 ~~…~~ 2. 63 (야고 4. 14)
네일생을다른말로해도 남고 또 남이 끝이없는 길이
아니냐 그러면 언제 갈나고 이렇게앉어있느뇨
마지막 네 臨終 終身에 가장 안타깝고 원통한것이 무엇
꼭가야할 이길을 한곳 가지못하고 그때는가고싶어도 갈
시간이없이 이세상을 떠나게되는것인줄을 몰랐느냐 깨
꼬리는뿐로 암하게 나
아직을 안가고 죽으면 네게는 絶望 죽음 암흑 이다
하루라도 한시라도 가라가 죽어야한다

聖人의 길

二期末段에 到達한 靈魂

完德의 길 中 最高로 어려운 길

그때에 靈魂의 志向

(四) 뻗이고 있어야 한다

二期末 段階에서 三期로 突入 即前에 人間의 힘은
있는대로 다 기우려도 안되니까 힘이 조금이라도
생기면 나아가고 이르기 진짝 진했으면 뻗이고 있어야한다

最高潮에 達한 最後激戰이다

너의 最後目的을 達成하느냐 못하느냐가 ~~약한~~ 이境界에
달린 最後激戰이다 놓너스기면 안된다
죽지는 않을 터이니 死守해야한다 뻗이고 있어야 한다
이 뻗이고 있는것은 中止가 아니다
사람은 鑛、生、動、靈으로 構成된것이나
언제나 이 四大動作을 하고 있는것이다
뻗이고 있는때는 鑛物動作을 하고 있는 때니
이動作이야말로 驚歎할 動作이다
鑛物에는 抵抗力과 吸收力이 있어 (堅持力) 쉴새없이
이動作이 繼續함으로 自體를 保存하고 있는것이오
이힘으로 萬物이 秩序를 維持하고 있는것이다

靈魂이 이때에는 鑛物動作을 하면서 堅持、抵抗하고
吸收한다 天主께서는 이自然法動作을 利用하사
天主의 힘을 程度대로 吸收식히신다 (特別히 七恩)
이吸收機關이 자라고 강해져서 聖神七恩이 다自由
롭게 通하실수 있을때까지다.

자라고 강해지는 期間은 長短(장단)의 差異가 있을
뿐이라 아무리 長久支離하드라도 失望만 말고
거머리처럼 붙어 느러져 吸收動作만 하다.
그러면 勝利決定的인 時間 問題뿐이다
변함이나고 어렵고 支離한 感이 있는 이때가 아주
貴하고 重한 때로그릇수록없이 ~~때다~~ 失望만 아니하고
《내天主여.....어찌하여 나를 버리셨나이까》하는 十字架祭獻
만 繼續하면 吸收力은 이때보다 더 자라고 더
強化하는때는 다시없는것이다

온전한 정신 온전한 마음 모든 힘을 기우리는 것이 이것이다. 2

내가 네 生命이다
나는 포도 줄기오 너는 포도가지다
이 줄기와 가지가 같이 양분을 흡수하고 같이 同化하고
같이 자라고 ~~같이 한 生命으로 산다 살고 사랑한다~~
~~살고~~ 三位一體께서 通하시는 그 生命과 그 사랑으로 산다.

포도가지가 줄기에 붙어있지 않이하면 결실치 못한다
이와 같이 네가 내게 있지 않이하면 나 없이 아모것도 못한다
내게 있으라 나도 네게 있으리니 곳 많은 실과를 맺으리라
修道者여 드를지어다 깨다를지어다
모든 것을 다 버리고 줄기에 드러가는 데만 全力할지어다

一致의 生命과 사랑을 얻기 위하야
領洗 告解를 通하야 罪없는 生活로 드러간다
聖祐(聖神 堅振)로 生命과 사랑이 자란다
기도생활
領聖體로써 成盛케 자라는 生命과 사랑은
(음식이 肉體 안에서 行하는 動作은 聖體께서
성체령하는 靈魂 안에서 行하신다 熱心에 따라
그 動作은 더욱 發하고 더욱 풍성하다 사랑

모든 사람이 罪의 數를 減減하야 이 세상을 떠나기
前에 無罪한 生活을 해야 할 必然的 義務가 있으니
修道者는 許久前에 無罪한 길을 거러야 한다

3

네가 領聖体로 吾主와 一致되는것은
天主聖子께서 人性과 一致하사 그리스도가 되신것과같고 (secundum quid)
녹은밀에 녹지않은밀을섞으면 둘이다 混合하는것과같다
領聖體로 같은피 같은살 같은 靈魂 같은 情愛
가된다
父母의피로된 子女들은 그父母를 닮는다
너도 吾主의살과피로 되였으면 吾主를 닮었다는것이

大聖의 神秘

뚜렷하게 드러나야한다 사랑 인내(忍耐) 克己
端正 沈默 비천한것을좋와하는 마음 미소한것을 完成하는
습관
苦痛中에 動搖없이 十字架의 祭献을 쉬새없이 받이는것...
이런것이 吾主를 닮었다는것을 드러낸다
無限하신 愛德의 바다에 갈히 -- 잠기고 또 잠길사록
이런 動作의 表現은 더욱 -- 天主를 닮어 極히 아름
답게 나타나 萬有를 초월하신 그리스도를 눈에도 입에도
또는지 얼굴 全面에 드러내여 지극히 아름다운 神秘花
그리스도꽃을 피우는 花園이되여 그말에도 행동에도
전 모습에도 그리스도 꽃이 滿發하여 이리가도 저리가도
生命과 사랑이 풍성하고 그리스도 完德의 香氣가 振動한다 (2고2.15)
(요.10,9) 이것은 내 自由로 하는것 즉 온전이 나의 動作이다
그러나 나혼자서 한것이아니고 吾主의도으심으로 吾主와
같이 發하는 動作이다
吾主 예수의 마음과 정신이 내마음과 내정신과
一致되여 서로 通하는데서 이루어지는것이다
吾主와 나와는 생각이 서로通하고 또는지 서로
떠날수없는 一致로 因하여 한 神秘體가 되니
吾主의 모든것· 天上天下의 모든 充滿함이 다 내것이로구나
(요.1,16) 天神들이 기뻐하고 天主의 신비가 움직하고
우리 말로 表現할수없는 유쾌! 끝없는 深淵에서 솟아나오듯 限量없는 기쁨!

이것이 참 삶의 길이어늘 世人들이여 어찌 이를 모르는고

어찌하야 살아있는 샘을 버리고 웅덩이에 썩은 물을 마시는고! (예 2,13) 4

修道者여 너는 무엇을 아직도 주저하는고!?

너의 길 길이 이것이 [너 수도 한지가 몇해 몇달 몇해로] 너의 할 일이 이것이오 다만 이뿐이어늘!

요긴한 것은 하나 뿐이니 마리아가 第一 좋은 몫을 선택하였다

고 ~~하시~~ 主 말씀하지 아니하셨느뇨

오라 天主 예수께서도 네게 오신다 (요14,23)

너를 사랑하시고 끝까지 사랑하였다고 ~~(요 1,13)~~ (요13,1)

오시면 성부는 성자를 낳으시니 第二 그리스도가 나타날 것이요

성부 聖子는 聖神을 發하시니 곧 사랑의 화염이 여기저기

燃燒하야 天主와 나와의 사랑은 더욱 強하게 더욱 뜨겁게

無限한 사랑으로 끌리어 드러간다

오! 사랑의 極致여! 거룩한 사랑의 神秘여!

吾主 사랑할사록 더욱 거룩하여지고

吾主 뵈시고 가까이할사록 더욱 깨끗하여지고

吾主와 나와 모든 것이 서로 通하야 一致하니 참으로 순결한

~~[illegible] 이제야 [illegible] 깨다 [illegible]~~

童貞이로구나

物質界에 福楽과 쾌락은 참으로 웅덩이에 썩은 물이로구나

17

主는 時分秒를 通하여 나를 찾아시고 사랑하신다 (요. 10,3-14)

너게대한 主의 사랑은 계속的이며 強烈하고 熱렬한 사랑이오
친友나 부모와 형제의 사랑에도 비할수없는
世界를 초월하는 永遠한 사랑이라

신고할때도 일할때도 놀때도 잘때도 우울당할때도

근심 걱정할때도 오호! 네가 죄를지을때도 사랑하신다
사랑하시는 까닭에 이 죄인을 찾어오셨고
사랑하시는 까닭에 슬픔이 희유하셨고
사랑하는 까닭에 十字架에 죽으셨다
그러면 이 사랑을 通하지 못하는 理由는 어데있느냐

罪惡과 邪慾의 障壁이 主와 네사이를 가로막은것이라
회개기도하고 구름을 넘어가면 靑天의 길이 열리고
태양의 뜨거운 光線은 너를 태운다
聖神의 引導하심으로 네 邪慾을 눌르고 信仰의 德으로
울고 또 울고 보면 천당가는 생명의 길이 열릴것이오
主의 기다리시고 계시던 사랑의 불이 네 靈魂에
사맞히리라

18

吾主 이세상에 살어계실때 가시는곳마다 은혜를 베프시고 大能 6
덜의 기적을 무수히 行하셨다 그것을 듣는이 보는이들이
감격에 넘치고 사랑이 폭발하야 主께 감사와 찬미를 드렸으니
그은혜를받은 나인과부 백부장 나자로와 그 누이들 막달레나
名도 . . . . 들은 어떠하였으랴!?

이것은 시방 靈界에서 똑같이행하실뿐아니라 오히려
더하시나니 시방도 그때와같이 行하신다는것보다
吾主께서 세우실 十字架 世界에서 사랑하는 靈魂들에게 行하실
모든 神秘의 豫表로 뵈여주신것이니 시방 네 靈魂에
그모든것이 施行될뿐아니라 驚歎할만큼 더크게 더많이
實行되나니 죽은이가 살고 할작이 떠러지고 앉은뱅이가 걷고
소경이 보고 벙어리가 말하고 산이 옮어지고 바위가 깨어지고
물고기입에서 돈이나오고 무인광야에서 빵이생기고
바다가 끊어지고 바위에서 단물이 솟는 ~~것 하며~~ 그나 (요.14.12)
도모지 말로 表現할수없는 (성총의 동작. 영원한 생명과) 사랑의 神秘가 ~~通하고있지않느냐?~~
하늘에서는 銀河水로 땅에서는 江河를 이루고 天上 天下에 吾主의
神秘體에 通하고있지않느냐!? (요.4.6)(요7.38)

그리스도와 내 靈魂과의 一致에서오는 親密은
사랑의度가 더할수록 ~~神秘의神秘中~~ 세상에서는 아무리
큰사랑으로 이루어진 一致에도 도모지 맛볼수없고
靈魂 肉身 配合도 比길수없는 神秘의神秘로 ~~다~~ 그나

⓪ 勝利하는 神秘 ———　　7

유감중에 苦獨中에 캄캄한 暗黑中에

어떻게 할것이냐

이때는 惡魔가 襲擊하는 때다

惡魔는 무엇때문에 이렇게 誘惑할까

天主의 根本聖寵을 없게하시려 나를 天主한테서 離奪시키고

自己所有로 하고저 하는 意圖에서 하는것이다

이것을 위하여는 내 心中에 王하시는 天主를 공격하고

그의 生命과 사랑을 끊는것이다

이것을 위하여는 나의 同意가 絶對必要한 故로

죄될것 나를 誘引하는것이다　　同時에

難中에 德의 꽃이 되게 마련하신 天主께서는

如前이 우리 心中에 계시지만 없게 신것처럼 당신을

감추신다 (詩 17.3) (詩 90 끝)

이렇게 德을 닦고 靈魂의 힘을 얻어갖이고 永遠하신

사랑에 더욱〻 깊이〻 드러가게 하시기 원하여

그런즉 첫재로 誘惑에 同意하지 아니할것이다

그다음에는 모든것을 天主뜻대로 通하면서

당하는 苦悶을 사랑의 제사로 영광의 제사로

드리면서 天主와 같이 싸오는 것이다

너혼자 싸오는 줄 아는것은 큰 잘못이오 ⊕

따서 세속과 악마를 이기신 天主께서 너와 한가지로

싸오시니 勝利는 決定的이다

⊕ 네힘 네재간으로 네 特秀한 戰術로 싸와 익일줄로 아는것은 더욱 큰 오해다

天主 너와 한가지로 한편이 되어 싸오시고 너와 한가지로

勝利하시는것이니 그런 순리이 더욱〻 天主께

依托하고 도모지 屈하지 말고 惡戰苦鬪할것이다 (詩 124,1)

(詩 26. 5,6,)

적이 나를 거사려 진을 칠지라도 내마음은 두려울것이
없고 一大격전이 치열할지라도 ~~나는안심~~ 내마음은
平和와 希望이 가득하다 나 한가지 그것만 請하고
要求하는것이 있으니 그것만 있으면 만족하다
곧 내주안에 一生을 居하는 것이 일것이 (詩 26.5—)
이것만 있으면 主님와 한가지로 계시니 누가 나를 거사려
성할 수있으랴 누가 나를 내주 사랑에서 떼여내리가
내게 계신 주의 사랑으로 인하야 어떠한 환난이던
다 克服할 수 있다 (로마 8, 35—)

성영 80년다

主; 네가 내 말만 드렀드라면 네 원수를 누르니 축복
시켰을걸 너는 나날이 善에서 德으로 올라갈걸!
네天主를 배읍고 맛드리고 一致할 때까지
네天主를 完全이 닮으면서 무한하신 사랑으로 깊이나나
잠기고 또 잠기면서!! 그러나 너는 내 말을 아니듯고
네마음대로 하는구나

吾主의 受難 功勞는 繼續된다, 世界終窮까지 9
無限하신 故로
吾主와 一致한 靈魂이 이와 같이 이것을 본받는다
그 神秘體에 드러간 靈魂이 特分 秘로 당하는
苦痛 (肉體의 고통 정신의 고통 및 영혼의 補贖 고통)
이고통을 마음으로 十字架의 苦痛과 合하야 聖父께
드린다
神秘體에 깊이 드러간 靈魂일사록 그 당하는 苦痛이
十字架의 苦痛과 비슷할사록 더욱 만족과
기쁨을 느낀다
그 까닭에 苦痛을 기다리다가, 아니 오면
만족을 이루지 못하고 거리로 나간다 (아가)
이골목 저골목 기웃거리며 찾다가 맛나면 기뻐 환영하고
포옹하여 갖이고 자기 방에 드려와 고통을 合여하는
모든 俗的 關係을 다 떼쫓고 서로 떠나지 아니 떠나수
없는 뜨거운 사랑으로 같이 잠기면서
밤이새고 날 밝는줄도 모르고 해가지고 밤드는줄도 모르고
十字架의 苦痛과 얽혀서 十字架의 苦痛을 계속
하는것이 唯一無二한 快樂이오
그로인하여 죄인이 회두하는
吾主를 위로 해드리는것이 즐근다는
至福이오 靈魂自身이 사랑하고 또사랑하여도
그래도 더 사랑하고 싶은 안타까운 마음 채찍아래
타는 心情을 기워 갚고 풀어주는 聖人聖女들이
讀占하여 吾主를 사랑하고 기쁘게 해드리는것이
樂中樂이다 快樂의 快樂이다

오! 神秘여! 그는 참으로 날마다 죽고 (갈.2.19)
날마다 그리스도와 한가지로 十字架 못박히는 나!

~~날마다 죽고~~ 날마다 十字架에 못박히고 날마다 죽어도
希望과 기쁨이 充滿한 神秘여 (~~[illegible]~~, 고린후 7.4)

天主를 사랑하는 까닭에 苦痛을 甘受하면
그 苦痛이 아빨로 永樂을 싹 내고 結實하고
收穫하는 것이니
그런 苦痛은 낱낱이 永福의 種子다
먼저 苦難을 받지 않고서는 安樂에 드러갈 수 없다
이것은 例外가 없는 鐵則이다
(어데운 가운데서 덕을 닦에 마련해 놓신 시련 世인 故로)
苦戰苦鬪한 후 勝利를 얻은 者에게 만나를 주겠다
(묵시)
天堂福者들은 가르쳐 말씀하시기를!
《이들은 다 患難 가운데서 온 자들이오 어린양의 피로
자기 옷대를 빨어 입은 자들이다》 (묵시)
天主께서도 먼저 十字架를 지시고 후에야 榮光에로
들어가셨고 그 뒤를 따라 聖母님으로부터 宗徒와
모든 聖人 聖女들이 다 이 길을 밟으셨고 다른 길은
全然 모르셨다
다른 길이 있었다면 어찌하시, 天主께서!
天堂 가는 길은 좁고 험하다 하셨으며 ( )
나를 따라오려 하는 자는 자기를 누르고 또 十字
架를 지고 후에야 나를 따라 올 것이다 하셨으다
( )
누구던지 天主의 神秘體에 完全이 吸收되기 위하여
열심있게 살고저 하는 자는 핍박을 당하리라고
( ) 聖神께서는 말씀하셨으니
참으로 富裕보다 궁핍 자미보다 수고 개명에보다
경천과 멸시가 더 낫지 아니한가?

저들은 그릇치고 내길(道德의길, 方法)을 못닦으니
내 義·怒하야 맹서하였으니 저들은 내 安息에
들지못하리라

苦痛은 불이다
極한 苦痛은 極熱한 불길이다
큰쇠이 뜨거운 火中에서 光彩나는 黃金이 되드시
너의 숨은 사욕은 極한 苦痛이 아니고서는
도저히 녹아 없어지지 않는다
그럼 말씀이 이러하다
너 혼자는 못박는다 天主의 사랑으로 天主와
같이 박는 것이다
쉴새없이 사랑을 박해라 그사랑만이
苦痛을 초월하리라
天主께서 많이 종산에서 당하신 그 무서운 精神苦悶
은 그 無限하신 사랑이 ~~초월하였다~~ 아니였드라면 그 고통이 숨어지었을것이다
天主사랑하는 마음을 품하고 또박해서 네 靈魂에
뜨거운 불길이 이러날때에 그 불에 녹을만한 苦痛
이라야 초월할수있을것이오 그 苦痛의 度數따라
그만큼 너의 사욕과 숨은 탐이 녹아 없어지리라
오! ~~神秘~~ 天主의 神秘여! ~~그들~~
世上에 至人 知者들도 天地를 움직인 天下에
영웅들도 제사욕만은 누르지못하고 그의 구속된
노예가 되었것만 사람에 눌리는 苦痛 이래야 邪慾을 녹여
없애는 驚歎하올 精化力의 所有者라는
深奧한 神秘여! 世紀의 科學, 哲學이 놀나고
묵묵히 바라보는구나! 저들은 그릇됐다

1)

修道者여!

온몸이 神의 뜻에 드러가 完全한 一致를

唯一한 目的으로 하는 修道者여

이것만을 위하야 全心全力을 기우리는 것을

一生 最大의 使命으로 하는 修道者여!

죄 ~~이렇듯한~~ 이러하시큰 신비의 계시를 받고서도

苦가 많이 있느냐 이러나라! 여기서 그저 낭비한다

海(로) 죽음의 그늘에서, 邪慾의 노예질에서,

헤매어 헤매어 보는 저 罪人들의 苦痛, 을 회복시켜

사랑을 외치며, 사랑으로 사랑으로 ~~나가자~~

實踐하자

을 惡魔의 부동하여 너를 단번에 삼키려

襲擊하여 오는 저 苦痛! 더무서운 精神苦悶!

不可說의 靈魂의 孤獨을

사랑으로 생겨나고 사랑으로 돌아갈

네가 아니냐 그러면 네 一生이 사랑이오

네 갈 길도 사랑이오 너의 소임 과목도 사랑이아니냐.

인간세계의 사랑을 초월하는 사랑이며
사랑의 極致나! 사랑의 神秘니! 사랑의 특권中 특典이나
걸레에 ~~[illegible]~~ 진주보배가 싸였고나 도적이 눈을크게뜨고
이런 특한 은혜를 무엇으로 갚으리 있가 의복에[illegible]
사랑이나 사랑으로 갚으리 있가 그러나 [illegible]도
主께서 나를 먼저 사랑하셨나이다
이 사랑을 갚기 위하야 ~~사랑할 수 있으리오~~ 먼저주신
~~이것조차~~ 사랑하리 있가
이것조차 主께서 내게 주시고 주시는 은혜를 받을 줄도
모르는 것을 主께서 받게 하셨고 받을 줄도 어찌
할 바를 모르는 것을 主께서 격동식히시고
實踐식히시나이다
그런즉

우준한 나를 현하게 가르치고
그 무형이라도 갚을 수 있게 하리
[illegible] 안히 좋은 主하면
악자가 경하여도
부당하게 축성되여도
적나한 가시 속에서 아는 빛도 없으시라

15 나는 天主 聖子 吾主 그리스도 外에는 원하는것이 아무것도 없나이다
吾主 예수여 내 靈魂에 드러오소서
당신을 내 靈魂에 삭여주소서
뚜렷하게 삭여주시고 또 完全하게 삭여주소서
그래서 어데서나 언제나 내주 예수를 分明이 보게하시고
萬事에 있어서 吾主를 完全이 뵈옵게 하소서
聖神이여 臨하소서 光明의 神이시여 오사
永遠하신 光明으로 빗우사 반작하게 깨우쳐주시고
사랑으로 擊動식히사 내마음에 색여지신 吾主
예수, 完全하고 또 뚜렷한 내 原型에 ~~드러가~~ 꼭 찰드러가
빈틈없이 꼭 그대로 찍혀 ~~나오~~ 第二 그리스도가 出現케하소서
聖父께서 내마음에 색여주신 天主聖子 내主 예수 原型을
~~빈틈없이 쉴새없이는 사랑~~ 사랑하~~는데~~ 굶고 타게하
시며 쉴새없고 빈틈없는 사랑으로 窮極에 이르게하소서
그 原型 ~~[illegible]~~에 뚜렷하게 完全하게 찍혀 도모지
毫末도 틀림없이 全面的으로 徹底的으로 내 예수 내 原型을
닮는데 이르게 하소서
이것을 위하여 꼭 해야할것이 무엇이오닛가
고은하랍닛가
自我를 죽여 아조 없이하랍닛가
지극히 卑賤한者 되랍니가
지극히 微小한 것을 精誠을 다하여 完遂하랍닛가
~~일주일 萬번이라도 수천~~ 이것이 必要條件이라면
수번이라도 万번이라도 하겠아옵나이다
나는 이것을 위하여 모두를 기꺼히 떠났읍니다

16 모든힘 모든정신 온전한 마음 다 밭이고
몽땅 기우렸읍니다
天下에 아는것도 싫고 다만 이것을 위하야
意志는 그를 그릴 뿐이로소이다
聖神이시여 聖父의 聖愛의 띠로 되시는
聖子의 聖業을 취진식히시는 성父의 손이시여
쉬신 뜨으심이 없이 나혼자는
나를 그 편이 넣이소서
절대로 못하는 초성 성化事業이로소이다
굶주린 아해들이 음식을 갈망하고 조르듯이
물밖에 고기가 물을 要求하듯이
시들어 슬어지는 초목이 비를 바라듯이
絶對條件이신 聖神의 聖祐를 목마러하고 애끌하옵나이다

聖神이시여! ~~知識과 사랑의 神秘여~~!
知識의 神秘여! 사랑의 神秘여 충만이 넣이소서

나의 聖化事業에 있어서 根本原因이 神三位一體 外에는
天主께서 無始之時로부터 安配하신 以上
聖母마리아께서 그첫재 길이 되시나이다
聖子께서 人間의 模型이 되사 聖母님을 通하야
이세상에 오셧다
이와같이 聖母님을 通하시므로는
나를 天主사람으로 박이내기위하야 原型이신 吾主
그리스도 내마음에 臨하실 다른길이 없고
聖化完結을 위하야 必要한 聖寵이 나려오실 다른길이
없다

17 아담의 허리에서 나온 에와가 이세상에 드러오는
모든人生의 어머니가 되~~신것~~하셨다 (自然의創造)

아담의 세상도 노에의 세상도 다 멸망했다
아담의 세상은 洪水로 노에의 세상은 十字架로,
天主十字架로 邪惡世上을 滅하시고 ⊕⊕
永生주는 十字架世界를 再建하셨으니 (神秘世界創造)

⊕⊕ 洪水때와같이 外的으로 드러나게 벌받어죽지는
아니하였어도 神秘的으로는 生命冊(十字架聖國籍)에서
除外되는무서운 下賦의 宣告를받얼다 (마 21, 44), (막 16, 16)
(묵) (書簡)

自然世界나 十字架世界나 벌서 無始之時로브터 ~~安配~~
隱예定하셨고 各各 제때가오매 곧 예수
釘死하야 당신을 聖父께祭獻하셨을때
그허리에서 성인의나라(十字架世界)(聖敎會)가
낳으시고, 성모께서는 이十字架世界 ~~再建~~의 創造에
十字架옆에서 協助하셨고 그후世界 영원까지
아니할나라에 十字架로브터 誕生하여오실
聖人聖女들의 어머니로宣言되시고 그성인들을
낳기위하야 十字架옆에서 말할수없는 苦痛을 當하셨자
(Ecc Mater tua 의神秘的解說)

그런즉 子女를 낳고기르는것은 어머니의것이란
이와같이 성인성녀들을 낳으시고 기르시고 永生에
다려가시는 나는 聖母시라
성모께서는참으로 이創設된 十字架王國의 어머님으로서
성신으로 성인들을낳으시고 성총으로기르시고 聖德으로깃이시고
聖化하야 永生에 받이시는 神秘世界에 聖人들의 어머니시니라

18 三位一體신 天主와 親密한 靈魂은
모든이에게 대하여 一致團結을 맺고 平和와 사랑으로
산다
감실속에 孤寂하게 살으시며 모든이가 하는대로
따라 행하시는 예수를 사랑하는 나는
不滿感을 품지않고 볼뿐아니라 짜증도 없이 하고
어떠한 性質로 不快하게 처할수없느니다

사랑의 動作은 天主食性에 꼭맞는 음식이오
사랑의 度와 數가 더할수로 아조 맛이있는 一等料理로
取扱하시고 慰安과 기쁨을 누리신다
오! 내天主여 나 終日토록 쉴새없이 天主사랑의 動作을
발하게 하시고 밤에는 자다가 깨서 天主를 向慕할뿐
아니라 천주사랑으로, 密度 ~~强力~~ 極致의 쉴새없이 빈틈없이 發動되는
사랑으로 잠을 이루지 못하게 하게 하시고
~~微弱한 肉身이 잠들에 잠기게되거든 自然의 힘으로는~~
~~당해낼수없는 窮極 사랑에 擊動되여 時時刻刻으로~~
~~놀라깨게 하여주시고 이사랑의 極致로 精神과 힘이 소진하며~~
~~하시고 온몸이 疲困에 쓰러지게 하소서 시달리다~~
微弱한 肉身이 잠들게되거든 自然힘으로는 당해낼수없는
窮極사랑에 擊動되여 ~~놀라깨게하시고~~ 時時刻刻으로
놀라깨게하시고 이사랑의 極致로 消盡하야
온몸이 疲困에 시달리다가 쓰러지게 하소서

19 내天主여 나의至極히 微弱한 精誠이오나 너그러이 받아주시면
내주께 感謝와 讚美를 드리리다

나는 내 根本이시며 내 中間 最後目的이신 至極히 사랑하옵신 당신만을 모시기위하야
모든것을 다 바렸나이다 ⊕ 내自身도 自由도 다바렸나이다
당신께서 願하시는것만 남겨놓았나이다
오소서 나의 유일한 사랑이시여 오소서 내 餘生에
당신만 모시고 있기가 끓고 하는 願이로소이다
그러나 나는 버러지오 사람이 아니로소이다
모든사람의 비소거리오 賤人中에서도 말째로소이다
내天主아니시면 虛無오니 이것도 過滿한 處地로소이다
불상이 녁이소서
본시 흙에서 생겨났고 또 흙으로도 다갈 ~~간편한~~ 몸이오며
내天主아니시면 結局차지할것은 무덤(墳)이오니
무덤이 나의 最後몫이오 무덤이 나의 居處로소이다
불상이녁이소서 또한지 보잘것없는이 可憐한人生을 불상이
녁이사 이착한 志向에 保存하소서 主께서 許諾하시면 끝까지 保存
하겠나이다

⊕ 나의 居處로는 오막사리 깨끗한 간이오 몸에걸친옷한벌이오
~~몸한벌~~ 주머니에 몇푼돈이오며 그밖에 몇가지갖이고
있는것은 당신을 배우고 알기위하야 서적과 繪畵이오며
당신을 恭敬하고 讚美하기위하야 神工具이로소이다

恩寵을 더욱알고 더욱사랑하게 된것은 지극히사랑하옵신
聖母님 마리아의 特恩 ~~이니~~ (하에 아루것도 없아오며) 이것을 잊을수없나이다
~~목말나하는~~ 목이말으고 하나시 원하옵는것은 ⊕
더욱 聖主를 배우고 알게하여주시고 더욱간절이 사랑하게하소서
불상이녁이소서 당신이녁이심이 없으시다면 天地의光明을
보지못하고 앞을못보고 캄캄한가운데서 헤매는불상한
소경이로소이다

四 ~~콤보사랑~~

⊗ 나 꼭빌리히는것이 콤보사랑이오 배곱흔것이콤보사랑이 로소이다

20 邪慾 習慣을 消滅하는 秘法

邪欲의 大小는 있을지언정 全無한사람은 하나도 없다
邪慾의 發作이 오랜동안에 계속됨으로 因하야 아주쉽게
~~發하는것이요~~ 或은 無意識中에 ~~發하는것이요~~ 或은 걷잡을새
없이 發하는 動作을 習慣이라 한다
習慣은 어떤 邪慾이 出顯하기위하야 廣平하게 잘 닦어
놓은길이다

1/ 고요히 監視하고있다가 邪慾이 나오는 대로
잡어 없이할것 (즉시 보속하고 定志할것) (回數가 감축됨)

2/ 예수께서목마르다시몰하시는것 즉 (우리 령혼의 模
型이되시는 당신께로 우리가 그대로 꼭 찍혀 君主를
빈틈없이 닮은者가 되기위하야 반다시 없어야할 邪慾인즉
예수닮을 熱望이 간절하면) 뜨거운사랑을 發해서 눌를것

3/ 예수사랑으로 받는 苦는 精化力을 갖었은즉
時々로 當하는 苦를 十字架의 苦와 合하야 奉獻할것

늦우지말고 꾸준이 나아가면 必勝하리다

2/ 領聖體후聖化狀態(~~天主사람이되는~~ 天主다운사람
으로 變化하는 狀態(靈魂의模型이 되시는 예수 안에 드러가
예수를 닮는 모양)

1/ 음식이 人體에 吸收되여 그體의 피, 살, ~~뼈~~, 세포로 ~~들어가~~
同化하야 그 사람이 되는 것과 같이(그外에것은 배출(排出)된)

聖體를 領한 사람은, 그정신, 마음, 힘, 애정, 志向
(그전부가 예수께 吸收되여)
等이 몽땅 예수의 그것으로 同化되고 따라서 內部를 表現하는
外部(肉)體도(胎兒가 父母를 닮는것처럼) 吾主人性을 닮아
눈 입 全顔面 外官과 그 起居動作까지 內部가 드러
나고 그리스도가 出現하신다 (그外에 模型틀에 드러가지
못할 것은 ~~[illegible]~~ (틀밖에 영원히 남에) 排出 소식혀 버려야 한다
없애버려야 한다

2/ 胎兒에 比하야 보면. ~~母~~親腹中에 생기기始作한
사람씨가 아홉달동안에 어머니를 닮는다
처음에는 미꾸 버러지 차차 발육하여 이목구비가 생기
면서 점점 어머니를 닮는다 이러케 發育되는 동안에는
外部로부터 母親을 通하야 營養分을 받고
또 充實이 발여 健全한 사람이 되여서 세상에 나온다
이와 같이 領聖體하는 나는 吾主안으로 드러가
처음에는 버러지 같은 사람이 (罪만이 없는 消極相態)
天主예수를 닮기 시작한다 (이 닮는 同化作用은 特別히
聖體와 나와 混合하여 있는 때)(領聖體後 約 二十分가량)
+(草木이 비마질때, 사람이 음식할때와)
이 同化作用에 必要한 養分은
德과 功이나 사욕누른 공부 사랑의
동작 克己 희생 고통인내 애궁시사 제일자기를죽이고없이하는데 힘쓰는것
과 쉴새없는, 빈틈없는 사랑 等이 많을수록 영혼은 吾主를 더쉽게 더
잘 더빨리 닮는다 많으는것 닮갓는것 생각하는것

22 때떵부리는것 말하는것 대화하는것 듣는것 보는것
먹는것 일하는것 행보하는것 몸갖는것 기거동작하는것
(기쁠때 어려울때 귀치않을때 근심걱정이있을때 골날때
짜증날때 어휘가 不족할 ~~말수~~ 말소리가 거북하게 나갈려고할때
농담하고싶을때.... 이런때) 생각하고 마음돌리는것 등에
온전히오주예수를 닮어 바로 주님예수를 따르는다 그는말씀되죽어
없어지고 ~~예수께서~~ 그에 소리하시는 나는예수시다

23 쉴새없이 사랑을 발하는 法

나는 主를 사랑합니다

암만 해도 사랑이 아니발하기면 어더케할것이냐

사랑을 살려면 먹어야 할터인데 (主께는 사랑하고 胃腸을 넓어야한다)

암만 먹을때도 아조 口味 없지쳐서 도모지 맛을 모르고
억지로 먹으면 도로 위장이 받지를 아니하야 즉시 토한다면
이 므슨 까닭일까

의심없이 병이다 1병도 중병이다

告解聖事로 빈번, 자선 보속, 기구

1/ 죄가 없어야 한다 (적어도 回數가 감소되어야한다)

2/ 자존 驕慢을 눌러야 한다 (回수가 죽이어나는 勢力이 弱해져야)

3/ 사욕을 눌러야 한다 { 물욕..... 육욕..... 허욕.....

4/ 이 方法 쓰는것과 사랑의 動作을 並行식혀야 할것
이러케하면서 萬有 우에 사랑하옵신 主시여
이 가련한 종을 불상이 녁이소서

4/ 天主의 불상녁이심을 받기위하야 남을 불상이녁이고 同情해
이렇게하라 또 계속하라 식을 받고 계속할
사랑이 이러나는것을 네 自身 깨다르리오
도로 톡 발하리라
세상 물들이 끌내야 수없는 사랑의
크고 큰 江海를 이루리라

5/ 내가 갈인것 또 좋와하는것 팔러서 애궁해라 내가 사랑하는 예수께 드리라 사랑하는 너의게는 내게 좋은것을 다 주고 싶으니까

6- 어떻게하면 主를 위로하고 기쁘게 해드릴까 (24

항상 생각하고 특별한 방법을 모되니
主를 위로하고 기쁘게 해드리는 靈혼은 복되니
그 靈魂은 主를 닮는 特恩을 받어 主님 더욱 잘
닮으리라

이 특별한 方法은 무엇이냐
이때까지 먹고 살던 웅덩이에 썩은 물을 버리고
(물욕, 정욕, 허욕)
예레미아 선지 성인이 가리켜주신 옆에 있는 달고, 맑고도
시원한 샘물을 먹는 것이니
이 물은 돈을 주고 사먹는 세상물이 아니오 다만
사랑으로 얻는 天上 神秘로운 永生을 주는 祝福된 生命水다

主님께 나는 主님을 사랑하지요
사랑으로 모든 것을 다 主께 바쳤사오며
이 자신까지 자유까지 다 바쳤나이다
시방 主님께 드릴것은 별로 없사오매 다 全部로 드리나이다
(일, 쉬는것, 말한것, 생각한것, 고생한것, 안타까운 마음,
사복[主를 받어드리지 말고 불로 태워드려라]....)
지극히 사랑하옵신 主님께 이 미약한 것이오나 받으소서
이것이 主님을 기쁘게 해드리기 위하오
主님 당신께서 받으신 모욕의 보상으로
主님의 榮光으로 드리게 하소서
저는 괴로와도 좋습니다 主님 마음에 꼭 드는
충실한 종으로 主님께 봉사할 은혜를 주옵소서
그 외에는 아무것도 바라는 것이 없나이다
봉사에 수이 시고 바라지 마시옵소서

24 25 聖化 初에

第一 먼저 할것이 무엇이냐 1/ 指導

2/ Recta mens (intentio) (純完動機) 바른 心情

다른 心情은 못쓴다

다른 意向

聖化 三段階를 通하지 않고서는 도저히

大聖成化 五段階에 드러갈수없다

첫째 사랑이 不足, 영혼의 意味건조상태

聖化 一期

一段階 大罪를 避함

二段階 小罪를 ―

三段階 不完全을 ―

聖化 二期

沈默 十誡 德操習 } = { 一段階 靈魂의 새벽

對越 三則 完守 } = { 二段階 환하고 밝게 보이는 聖人의 길

三段階 天神의 知識을 받음

四段階 天主를 느끼임

聖化 三期

同存 生活 } = { 1/ 聖神降臨

一致 生活 } = { 2/ 地上天國

3/ 無限으로 無限으로

26

聖人의 祈禱生活

聖人은 착하신 天主의 마음을 닮은 故로
원수가 없고 남에게 惡을 할 줄 모르고 좋은 것만을
願한다

모든 苦痛 모든 善功의 祭獻이 끝임 없이 올나간다
自己 뜻에 맞지 않고 苦難을 当하면 기뻐용약
한다   그것을 天主께 祭獻하면서 天主의 마음
을 기쁘게 해드릴 材料를 얻은 까닭에 無上의
寶环로 아는 까닭으로

聖人自身은 天主를 기쁘게 해드리기 위하여 이세상에 났고
이것을 위하여 나아가는 것이 唯一無二의 갈 길이오
無上最高使命인 줄 알고 여기에 全力을 기우리기
위하여 修道院에 드러온 줄을 아는 故로.

自己를 눌러 없이 하는 데만 全力을 기우리는 故로
自己를 눌러서 天主께 바치면 그것이 가장 天主를 기쁘게
하는 것인 것을 잘 아는 故로

吾主께서 十字架에 달려 十字架 世界를
이른에 놓으시고 天主를 크게 기쁘게 하시고
마귀를 敗北케 하신 것처럼
이러케 苦痛에서 죽기를 간절히 願하니면
그러케 죽는 그날은 天上天下에 가장 경사
로운 날인 줄 알고 고대하는 故로

27

천々히 꼭々 씹어 먹는 음식이 血가 잘 된다

열심으로 새일직을 해가며 묵상하면서 보는 글이

神味를 내고(天主사랑) ~~德에 나아갈 힘을~~

힘을 준다   이 힘으로 사욕을 누르고 德으로 올라간다

28

목마르다!!

臨終에 當하신 예수 極度에 達한 갈증을 풀으시려 물을 請하시는 말슴일가 그러나 그 絶世無比의 그 渴症을 물로 풀지 않으셨다. 이 適切한 機會에 이 渴症은 至極히 深奧한 神秘를 象徵한 말슴이니 《 목마르다!! 굶고 타는 熾烈한 사랑이 목마르다!》는 말슴.

누구나 다 우리 본시대시오 模型이신 우리 예수 안에 드러가 우리 예수를 온전히 본뜨고 닮는 同時에 우리 사랑도 예수 사랑을 닮어 굶고 타는 熾烈한 사랑으로 天主 아버지를 즐겁게 해드리고 싶으신 愛慾의 極致의 사랑 말슴이다

이 세상에 오셔서 一生을 通해하신 사업. 가신 길이 모도가 天主 아버지를 사랑하시고 기쁘게 하신 것뿐이니 누구나 다 같이 이 같은 사업, 같은 길을 가자고 하시는 말슴이다

목마르다!! 팔을 버리고!! (누구나 다 안에 드러와 어는 말슴.) 가슴을 열고!! 누구든지 다 오너라 이 치열한 사랑의 마음으로 드러오라. 내가 사랑이오 사랑의 자체니, 이 사랑에 드러와 같이 사랑하자는 말슴이다 ◎ 에

◎ 그런즉 修道者 너 무엇을 생각하느냐? 무슨 계획을 하느냐? 우리 예수는 날마다 十字架 祭獻을 새롭게 하시사 때마다 공중에 달리사 우리를 향하야 목마르다!!! 적々한 감실 속에서 시시각각으로 목마르다!!!

날마다 [illegible] 完全히 흠숭 [illegible] 못하고 아직 되었다는 무엇이 남아 있느냐 아즉도 네 예수를 닮지 못하고 너대로 남어있느냐?

修道者여! 修道者 아닌 [illegible] 예수시여 [illegible]

◎ 네 영혼육신 네 사언행위. 네 거기동작을 전부 바치라고 네 여생을 성부 사랑으로만 흘러간 네 三十三年 世上 살이의 延長으로 하였다 너와 네게 있는 모든 능력이 天主사랑으로만 움직이게 하려 第二그리스도를 이루겠다 이렇게 내 아버지의 目的 榮光을 完成하겠다는 말슴이다 이것은 내가 굶고 타는 사랑이 목말러 하신다는 말슴이다